Mitteilen – Zuhören – Verstehen

Schriftenreihe der
Stiftung KBF

Herausgegeben von
Hans-Peter Färber

FSC
www.fsc.org

MIX
Papier aus verantwortungsvollen Quellen
Paper from responsible sources
FSC® C105338

# Mitteilen – Zuhören – Verstehen
## Die verschlungenen Wege der Kommunikation

Herausgegeben
für die Stiftung KBF
von
Hans-Peter Färber
Thomas Seyfarth
Annette Blunck
Ellen Vahl-Seyfarth
Joachim Leibfritz
Gert Mohler

STIFTUNG
KBF
gemeinnützige GmbH

Bibliografische Information der Deutschen Bibliothek
Die Deutsche Bibliothek verzeichnet diese Publikation in der Deutschen Nationalbi-
bliografie; detaillierte bibliografische Daten sind im Internet abrufbar über
<http://dnb.ddb.de>.

Umschlaggestaltung unter Verwendung eines Fotos von Annette Blunck.

© 2016 · Stiftung KBF, Mössingen
· KBF gemeinnützige GmbH

Internet: http://www.kbf.de
E-Mail: kbf@kbf.de

Grafik: Sonja Bulling, Tübingen, www.sobulling-design.de
Herstellung und Verlag: BoD - Books On Demand, Norderstedt
Printed in Germany
ISBN 978-3-8423-7192-7

# Inhalt

# Vorwort

Der Erfolg pädagogischer, therapeutischer oder pflegerischer Arbeit ist in einem hohen Maße abhängig von gelingender Kommunikation.

Das gilt in der Frühförderung, in Kindergärten, in Beratungsstellen, in der Jugendhilfe, in Schulen, an Ausbildungsstätten, in betreuten Wohngemeinschaften, in Tagesbetreuungsstellen und in Alten- und Pflegeeinrichtungen, um nur einige zu nennen. MitarbeiterInnen sozialer Einrichtungen sind dabei nicht nur ständig im Austausch mit betreuten Personen, sondern auch im Gespräch mit Angehörigen und im ständigen Kontakt mit KollegInnen unterschiedlicher Teams. Kommunikation ist also einerseits eine Voraussetzung unserer Arbeit und andererseits Medium dieser Arbeit. Häufig ist Kommunikation auch noch Ziel unserer professionellen Bemühungen.

Deshalb hat sich die 11. Fachtagung der KBF für Fachkräfte aus schul-, sozial-, heilpädagogischen, medizinisch-therapeutischen, psychologischen und pflegerischen Arbeitsfeldern unter dem Titel „Mitteilen – Zuhören – Verstehen" mit den verschlungenen Wegen der Kommunikation befasst.

„Mitteilen – Zuhören – Verstehen". Das klingt so, als wäre es ein Leichtes.

Und tatsächlich scheint sich die erste angeführte Fähigkeit, das Mitteilen, auch meist von allein zu ergeben: Schon lange vor dem Spracherwerb teilen sich Säuglinge durch Lautäußerungen und durch Strampeln der Arme und Beine mit. Die Entwicklung zur Begegnungsfähigkeit zeigt sich im ersten wechselseitigen Lächeln des Babys mit seiner Bezugsperson, in dem das Kind seine Selbstwirksamkeit erfährt. Nachdem dann der Spracherwerb gelungen ist, teilen wir uns bis ans Lebensende unserer Umgebung mit, egal ob wortreich oder eher einsilbig.

Auch das (Zu-) Hören, der zweite Begriff im Titel unserer Tagung und dieses Buches scheint uns etwas Selbstverständliches zu sein. Allerdings weist das Wort „Zuhören" auf die Gerichtetheit des Hörens hin.

Beim dritten Wort „Verstehen" stutzen wir vielleicht und müssen einräumen, dass wir nur verstehen, was in einer Sprache gesagt wird, derer wir mächtig sind. Und dann fällt uns vielleicht ein, dass uns zum Verständnis mancher Aussagen, beispielsweise aus dem wissenschaftlichen Bereich, die notwendigen Vorkenntnisse fehlen. Aber – so meinen wir – im alltäglichen Bereich ist das Verstehen des Gehörten eigentlich eine Selbstverständlichkeit.

„Die verschlungenen Wege der Kommunikation" - Der Untertitel dieses Buches deutet auf Widerständigkeiten und Verwicklungen, aber auch auf Nähe und Intensität hin. „Verschlungenes" weckt Neugier, lässt Spannung spüren, weckt sowohl Assoziationen an ein Labyrinth, in dem man sich verlaufen kann, als auch an Menschen, die sich umarmen.

„Verschlungenes" kann Schwierigkeiten machen, kann verwirren, will entschlungen werden, den einzelnen Strängen muss nachgegangen werden, man möchte sie zum besseren Erkennen herauslösen, aber dann vielleicht auch wieder zusammenfügen.
„Verschlungenes" zu lösen, kann ungeduldig machen, aber es kann auch eine reizvolle Aufgabe sein und Freude bereiten, den Knoten zu entwirren und wieder zu binden.

Das „Mitteilen" kann durchaus auch ohne gesprochene Sprache geschehen. Vieles teilt sich über Körpersprache, Mimik und Gestik und Blickkontakt und Tonus mit. Wolfgang Praschak macht dies in seinem Beitrag über prägestische Verständigung deutlich. Diese Form von Kommunikation hat gerade in der Arbeit mit schwer behinderten Menschen eine besondere Bedeutung.
Wenn wir uns einem Menschen in direktem Gespräch mitteilen, müssen wir zuallererst sicher sein, dass er unsere Sprache spricht. Es schränkt meine Mitteilungsfähigkeit sehr weit ein, wenn ich einen Übersetzer brauche.
Manchmal können schon Hochsprache oder Dialekt oder auch zu komplizierte Formulierungen das Mitteilen – und vor allem das Verstehen – stark beeinträchtigen.

Kommunikationsfähigkeit ist ein zentrales Ziel der menschlichen Entwicklung. Meist verläuft diese Entwicklung reibungslos, Kinder entwickeln ihre Sprach- und Kommunikationsfähigkeit ganz automatisch. Manche Kinder brauchen aber Unterstützung in ihrer Entwicklung. Wie eine solche Unterstützung aussehen kann und welchen Prinzipien sie folgen muss, schildert

Silvia Bender in ihrem Beitrag über die Bedingungen für eine gelingende Sprachentwicklungsförderung durch psychomotorische Sprachentwicklungsbegleitung. Hier wird deutlich, wie eng die Sprachentwicklung mit den motorischen Fähigkeiten von Kindern verknüpft ist.

Julia Schellen beschäftigt sich mit Kindern, die über keine oder schwer verständliche Lautsprache verfügen. Diese Kinder können – so ihre These – genauso Sprache erwerben wie Kinder ohne Beeinträchtigungen. Oftmals benötigen sie jedoch Unterstützung in Form eines speziell aufbereiteten sprachlichen Inputs und ein Modell im Umgang mit alternativen Kommunikationsformen oder -hilfen. Dies wird in den beiden Beiträgen zu unterschiedlichen Aspekten der Unterstützten Kommunikation deutlich.

Es macht in meinem Mich–Mitteilen einen Unterschied, ob ich ein geübter Sprecher bin oder nicht, ob meine Sprache einfach oder elaboriert ist.

Viel hängt davon ab, ob es mir gelingt, meine Gefühle in Worte zu fassen, also die den Sachverhalt begleitenden Emotionen auszudrücken. Ich sollte versuchen authentisch zu sein, echt zu sein, mich so zu zeigen, wie ich wirklich bin. Wirklich verstanden werden kann ich nur, wenn ich mich ohne Maske zeige. Um anderen offen und authentisch zu begegnen, brauche ich jedoch Vertrauen und Zutrauen in den Zuhörer / die Zuhörerin.

Dies betont Heidemarie Kurtscheid in ihrem Beitrag über die Kraft der Personzentrierten Haltung in der professionellen Begegnung. Wolfgang Ehinger wendet sich in seinem Aufsatz einer speziellen Gesprächssituation zu: dem Gespräch zwischen Eltern und Lehrern in der Schule. Auch er betont die Wichtigkeit einer kooperativen Grundhaltung für ein gelingendes Gespräch.

Wenn Menschen nach ihrer Gesprächskompetenz gefragt werden, behaupten viele: „Ich bin ein guter Zuhörer". Fragt man ihre Gesprächspartner, sieht das Ergebnis ganz anders aus. Die meisten Menschen halten also sich selbst für gute Zuhörer, meinen aber, dass in ihrem Umfeld nur sehr wenige Menschen wirklich zuhören können. Zuhören will tatsächlich geübt und ganz bewusst getan werden. Wie dies – etwa in Mitarbeitergesprächen oder im Kontakt mit Angehörigen – gelingen kann, verdeutlicht Heinz Hinz in seinem Beitrag. Er betont die Bedeutung der Grundbedürfnisse im Kommunikationsprozess.

Gutes Zuhören braucht die innere Bereitschaft, sich auf den anderen einzulassen, es braucht Ruhe und ein bisschen Zeit. Ein guter Zuhörer ist bereit, sein eigenes Mitteilungsbedürfnis zurückzustellen und die ausgespro-
chenen oder unausgesprochenen Emotionen und nonverbalen Signale des
Sprechers aufzunehmen; das heißt, er versucht, wirklich zu hören und zu
verstehen, was der andere ihm sagen will. Jürgen Metter beschreibt die gewaltfreie Kommunikation nicht als Technik in der Kommunikation, sondern
als eine innere Haltung dem Leben gegenüber, bei der es auf Achtsamkeit,
Selbsteinfühlung und eine empathischen Grundhaltung den Mitmenschen
gegenüber ankommt.

Christine Preißmann führt uns – aus Betroffenensicht – ein ganz besonde-
res Feld der Kommunikation vor Augen: Für Menschen mit Autismus stellt
die Kommunikation mit anderen Menschen oft eine besondere Herausforderung dar. Neben anderen Auffälligkeiten finden sich bei betroffenen Menschen ganz zentrale Besonderheiten in der Kommunikation und im Kontaktverhalten, die dazu führen, dass Menschen mit Autismus oft Probleme
haben, ihre Bedürfnisse zu benennen, zwanglose Kontakte zu führen oder
Freundschaften zu knüpfen.

Gutes Zuhören ist die notwendige Voraussetzung zum Verstehen, aber dennoch keine Garantie dafür. Auch wenn zwei Menschen die gleiche Sprache
sprechen und durchaus willens sind, sich zu verstehen, kann die Verwirklichung schwierig sein. Bei komplizierten Zusammenhängen ist das Verstehen abhängig vom Intellekt und Wissensstand. Einfache Sprache ermöglicht
Menschen mit Lernschwierigkeiten an der gesellschaftlichen Kommunikation
teilzunehmen. Anke Springer beschreibt in ihrem Aufsatz, wie barrierefreie
Kommunikation mit Menschen mit Behinderungen gelingen kann und welchen Beitrag einfache Sprache zur sozialen Teilhabe leisten kann.

Verstehen ist auch abhängig von der Aufnahmefähigkeit, die wiederum
abhängig ist von der momentanen Befindlichkeit, wie z. B. Wachheit oder
Müdigkeit. Kulturelle Besonderheiten erleichtern oder erschweren das Verstehen, je nachdem, wie nah oder wie fremd mir das jeweilige Thema ist.

Vor allem hat das, was verstanden wird, fast eben so viel mit dem Zuhörer
selbst wie mit der Aussage des Sprechers zu tun. Jeder hört und versteht
zuerst einmal auf der Grundlage seiner eigenen Weltsicht und seiner eige-

nen Erfahrungen. Jeder hat eigene Konnotationen zu bestimmten Worten, man sagt das gleiche Wort oder den gleichen Satz und glaubt, das Gleiche zu meinen und tut es doch nicht. So denkt der eine bei dem Wort „Schnee" an Urlaub und Snowboarden, der andere an Schneeschippen und an sein gebrochenes Handgelenk.

Wirklich verstehen, was der andere meint, braucht die Bereitschaft, sich auf die Sichtweise des anderen einzulassen und es braucht Empathiefähigkeit.

Nur wenn es mir gelingt mitzufühlen, kann ich wirklich verstehen, was der andere / die andere meint. Das gilt für jedes Gespräch, auch für vermeintlich völlig sachliche Themen. Es gibt keine Aussage ohne begleitende Emotion. Wie können wir die emotionale Tönung von Aussagen nicht nur leichter erkennen, sondern vor allem, wie können wir lernen, gut damit umzugehen? Die Beiträge in diesem Buch versuchen, auf diese und viele wichtige Fragen Antworten zu geben.

Kommunikationsfähigkeit gehört zum wichtigsten Handwerkszeug im sozialen Bereich und setzt einen lebenslangen Lernprozess voraus.

Sie ist auch abhängig vom sozialen Kontext und wird nicht selten auch als Machtinstrument missbraucht. Gerrit Kaschuba räumt in ihrem Beitrag mit einigen Mythen auf, die zur Kommunikation von Frauen und Männern existieren. Sie sensibilisiert damit auch gegenüber anderen Mythen zur Kommunikation.

Die drei Komponenten: Mitteilen, Zuhören, Verstehen, sind jede für sich betrachtet schon sehr komplex und anspruchsvoll. Damit aus diesen drei Strängen aber ein Gespräch, eine echte Kommunikation wird, müssen wir sie wieder miteinander verflechten. Für eine geglückte Verflechtung müssen die einzelnen Elemente positiven Erwartungen entsprechen.

Undeutliches Mitteilen, achtloses Zuhören und egozentrisches Verstehen lassen die Kommunikation scheitern, solch ein Gespräch ist im einfacheren Fall nur enttäuschend, im schlimmeren Fall führt es zu folgenschweren Missverständnissen und Fehlern. Auf alle Fälle macht so eine Kommunikation niemanden glücklich und belastet Beziehungen.

Kommunikation ist gelungen verschlungen, wenn Mitteilen, Zuhören und Verstehen miteinander verwoben sind, wenn der eine das Vertrauen und die Fähigkeit hat, sich offen und direkt mitteilen zu können und der andere zugewandt zuhört und sich um echtes Verständnis bemüht und der Zuhörer wiederum zeigt, dass er sich verstanden fühlt und wertschätzt, was der andere erwidert. Mitteilen, Zuhören, Verstehen liegen dann eng beieinander und sind in ständigem echtem Kontakt. So können Probleme entschärft oder sogar gelöst werden.

Gerade bei der Arbeit im sozialen Bereich ist es dringend notwendig, sich im verständlichen und authentischen Mitteilen, in gutem Zuhören und im Verstehen zu üben und zu lernen, sich auf die Sichtweise des Gegenübers einzulassen, den anderen / die andere zu respektieren.

Das bedeutet beileibe nicht, die Sichtweise des anderen immer als richtig anzuerkennen oder gar für sich selbst zu übernehmen, aber ich sollte verstehen, was der andere mir sagen will und versuchen, die Welt – wenigstens für einen Augenblick – aus seinen Augen zu sehen.

Gelungene Kommunikation bedeutet nicht nur die Bewältigung von schwierigen Themen, sondern sie kann Licht in den Alltag bringen und eine fröhliche Gelassenheit herstellen, die jeder Umgebung gut tut. Miteinander von Herzen lachen zu können ist dabei mindestens so wichtig, wie Problemlösungen zu finden.

Die 11. Fachtagung der KBF hatte das Ziel, den Teilnehmerinnen und Teilnehmern mit einem breit gefächerten Programm Impulse zu geben und Anregungen für unterschiedliche Bereiche der Kommunikation zu bieten.

Wir freuen uns, mit diesem Buch, das eine Vielzahl der Tagungsbeiträge dokumentiert, die Reihe der KBF-Publikationen um einen Band erweitern zu können, der sich mit dem für das menschliche Miteinander so zentralen Thema Kommunikation auseinandersetzt.

Mössingen 2016

Hans-Peter Färber,
Thomas Seyfarth,
Annette Blunck,
Ellen Vahl-Seyfarth,
Joachim Leibfritz,
Gert Mohler

Heidemarie Kurtscheid

# Wertschätzung, Empathie und Authentizität – die Kraft der Personzentrierten Haltung in der professionellen Begegnung

Der Personzentrierte Ansatz (person-centered-approach), wurde von dem amerikanischen Psychologen und Wissenschaftler Carl R. Rogers (1902–1987) in langjähriger psychologischer und pädagogischer Praxis entwickelt.

Rogers gilt als einer der herausragenden Vertreter der Humanistischen Psychologie; als Psychotherapeut und Hochschullehrer hat er in großem Umfang empirische Studien zur Erforschung des wirksamen Therapieprozesses betrieben; im Jahr 1987 war er für den Friedensnobelpreis nominiert.

„Wir glauben zuzuhören, aber es geschieht sehr selten mit wirklichem Verständnis und echter Einfühlung. Dennoch ist diese Art des Zuhörens eine der mächtigsten Kräfte der Veränderung, die ich kenne." (Rogers, 1983) Diese von Rogers formulierte Aussage ist eine bis in die heutige Zeit aktuelle und zutiefst wirksame Erfahrung, die Menschen in den verschiedenen Settings wie Psychotherapie, Beratung, Coaching oder Pädagogik (Schul- und Erwachsenenbildung) bestätigen können.

In umfangreichen empirisch belegten Untersuchungen erforschte Rogers die Wirkfaktoren erfolgreich verlaufender Therapie- und Beratungsverläufe (Rogers, (1961/1979; Kriz, 2003). In diesen übernehmen Klienten zunehmend selbst die Verantwortung für die Lösung eigener Probleme und Konflikte, wenn sie eine ermutigende Unterstützung erfahren: Der wesentliche Heilungsfaktor ist die real gelebte Beziehung, die ‚personale Begegnung' zwischen der beratenden Person und Ihrem Gegenüber (Schmidt, 2002).

Der Aufbau dieser Beziehung dient nicht als Mittel zum Zweck, beispielsweise um "Störungen" zu beseitigen oder Interventionen gezielt anzusetzen. Neuere Forschungsergebnisse bestätigen beispielsweise, dass weniger die Anwendung spezifischer Techniken, sondern in weit größerem Maße die gelebte Beziehung zwischen der beratenden Person und dem Klienten (der Klientin) den Beratungserfolg bestimmt. Dies bedeutet, dass konstruktive Veränderungsprozesse durch die vertrauensvolle Begegnung von Person-zu-Person erst ermöglicht werden.

## Historische Entwicklung des Personzentrierten Ansatzes – Kurzskizzierung

Die empirische Erforschung der Wirkfaktoren von Therapie (ab 1940):
In den 20er Jahren des letzten Jahrhunderts arbeitet Rogers als junger psychoanalytischer Psychologe in der Beratung von verhaltensauffälligen Kindern und deren Eltern. Er entwickelt zunehmend Kritik an der psychoanalytischen Arbeitsweise, die ihm zu „kalt", „unnahbar", zu „detektivisch" und zu einseitig in der therapeutischen Beziehung erschien (Keil & Stumm, 2002).

Rogers beginnt nun mit der Erforschung der Wirkfaktoren von Therapie und veröffentlicht zum ersten Mal in der Therapiegeschichte den Wortlaut einer vollständigen von ihm durchgeführten  Psychotherapie, was seinerzeit als ein Tabubruch galt und ihm kritisch vorgeworfen wurde – später haben dies die Vertreter anderer Psychotherapierichtungen ebenso aus Forschungsgründen getan (Hinz & Behr, 2002). Die Ergebnisse seiner Forschung zeigen, dass Wertschätzung, Empathie und Echtheit seitens der beratenden Person als notwendige Bedingungen für die Wirksamkeit des Beratungsprozesses zu sehen sind: Wenn Menschen eine ermutigende Unterstützung in einer vertrauensvollen Beziehung erfahren, übernehmen sie zunehmend selbst die Verantwortung für die Lösung eigener Probleme und Konflikte. „Heilungsfaktor" ist die real gelebte Beziehung, die Begegnung zwischen der beratenden Person und Ihrem Gegenüber.

**Nicht-direktive Phase (ca. 1940 -1950):**
In dieser Phase zeichnet sich die deutliche Abgrenzung der personzentrierten Vorgehensweise von der analytischen und der direktiven Vorgehensweise und ihren spezifischen Menschenbildern ab: Rogers distanziert sich vom Menschenbild in der Psychoanalyse (Mensch ist bestimmt durch Triebimpulse) und dem Menschenbild des Behaviorismus (Mensch ist das Produkt allgemeingültiger Lernprozesse). Das sehr differenzierte Spiegeln von Gefühlen und Sichtweisen der PatientInnen („clarification of feelings") bekommt in der personzentrierten Psychotherapie und Beratung einen hohen Stellenwert (Keil & Stumm, 2002). Beratende verzichten nun auf das vorschnelle und dirigierende Empfehlen von Lösungen und orientieren sich vielmehr an den individuellen Erfahrungen und Erkenntnissen ihrer PatientInnen.

**Klientenzentrierte Phase (ca. 1950 – 1960):**
Der therapeutische Fokus liegt nun auf der „Selbstexploration (des Klienten), seinem Selbstkonzept, phänomenalen Feld bzw. inneren Bezugsrahmen und den Bedeutungen, die mit den Gefühlen des Klienten verbunden sind" (Keil & Stumm, 2002).

Zudem wird fortan im Rahmen der beraterisch-therapeutischen Begleitung nicht mehr von Patienten, sondern von „Klienten" gesprochen, d.h. auch hier wird die Abkehr von einer störungsorientierten Haltung in der therapeutischen Beziehung hin zu einer dialogischen ressourcenorientierten Haltung in Achtung vor der Einzigartigkeit des Individuums deutlich.

**Personcentered Approach – Personzentrierter Ansatz (ab 1960):**
In dieser Phase wird über die unmittelbare empathische Bezugnahme auf die Erfahrungswelt des Klienten hinaus („reflection of feelings") die Selbsteinbringung  des Therapeuten, also die Echtheit bzw. Kongruenz als das wichtigste Element der personzentrierten Haltung erkannt. Durch den Einfluss von Eugene Gendlin, einem Mitarbeiter von Rogers an der University von Chicago, wird das „innere Gespür" des Klienten vertiefend exploriert („experiencing"). (Keil & Stumm, 2002).

Über das therapeutische Einzelsetting hinaus war Rogers vielseitig aktiv wie beispielsweise in der Arbeit mit Großgruppen oder „Encounter"-Gruppen; er engagierte sich für den Frieden und führte „Encounter-Gruppen" mit Protestanten und Katholiken aus Nordirland durch, um zu demonstrieren, dass ein Dialog und ein gegenseitiges Verstehen möglich ist" (Hinz & Behr, 2002)

In der von Rogers 1959 erstellten „Theorie der Psychotherapie, der Persönlichkeit und der zwischenmenschlichen Beziehungen" (Rogers, 1959/1991) wird deutlich, dass sich der Ansatz nicht nur auf das therapeutisch-beraterische Setting bezieht, sondern eine umfassende Kommunikationstheorie für den Bereich zwischenmenschlicher Beziehungen bietet: Es wird nun von dem „personzentriertem Ansatz" gesprochen, der zudem in den professionellen Feldern von Erziehung und Pädagogik, Jugend- und Erwachsenenbildung, beruflicher Weiterbildung, Organisationsberatung, interkultureller Kommunikation, Mediation und vielen anderen mehr wirkungsvoll zum Tragen kommt. Zudem sei an dieser Stelle auf die aussagekräftigen Ergebnisse der „Wirksamkeitsprüfungen der Gesprächspsychotherapie" von Inge Frohburg hingewiesen, die die hohe Wirksamkeit der personzentrierten Psychotherapie belegen (Frohburg, 2009).

## Humanistisches Menschenbild und Philosophie

Rogers wurde 1946 zum Präsidenten der American Psychological Association (APA) gewählt – dem weltweit bedeutendsten psychologischen Wissenschaftsverband – und war als Sprecher der Humanistischen Psychologie, der sogenannten „Dritten Kraft" in der Psychologie aktiv. (Hinz & Behr, 2002) Das Vertrauen in die Entwicklungsprozesse, das menschliche Streben nach Entfaltung und der Wunsch nach Selbstbestimmung sind die philosophischen Fundamente des Personzentrierten Ansatzes.

Der Mensch wird als einzigartige, eigenverantwortliche und selbstbestimmte, nach Entfaltung strebende Person gesehen (siehe auch Buber, Heidegger, Merleau-Ponty) – zugleich sucht und benötigt er als soziales Wesen Beachtung: In diesem Spannungsfeld zwischen dem Streben nach Selbstverwirklichung (Autonomie) und dem Bedürfnis nach sozialer Beachtung entwickelt die Person ihre kulturelle Identität, die sie nur in der Begegnung und im kommunikativen Austausch mit anderen entwickeln und aufrechterhalten kann. (Quitmann,1996).

Der Personzentrierte Ansatz:
- stellt den Menschen in den Mittelpunkt und vertraut auf seine Fähigkeiten
- verzichtet daher bewusst auf "Expertengehabe", Techniken und "Rezepte"
- ist ein Weg, Persönlichkeitsentwicklung durch personale Begegnung zu fördern
- ist ressourcenorientiert

## Merkmale einer Personzentrierten Beziehung – drei Dimensionen einer Haltung

### Wertschätzung
### (Akzeptanz, Positive Beachtung, Bedingungsfreies Akzeptieren)

Rogers erklärt die Bedeutung von Wertschätzung folgendermaßen: „eine Person zu schätzen, ungeachtet der verschiedenen Bewertungen, die man selbst ihren verschiedenen Verhaltensweisen gegenüber hat" (Rogers, 1959/1991, S. 35). Damit ist die Bereitschaft gemeint, alles, was mir in einer anderen Person begegnet, anzunehmen, wie es ist und sich auf den subjektiv-emotionalen Anteil des Gesagten beziehen, wenngleich ich nicht unbedingt der gleichen Meinung sein muss. In einer wertschätzenden Haltung kann ich alle Äußerungen meines Gegenübers ohne Bewertung annehmen, weil sie Bestandteil von der Person sind – so, wie sie also ist.

Wertschätzung und emotionale Wärme äußern sich als eine Verhaltensbereitschaft und eine ausgedrückte Gefühlsqualität: BeraterInnen verhalten sich wohlwollend und zugewandt; sie nehmen alle Gefühle ihrer KlientInnen an, sind durch aufmerksames und konzentriertes Nachfragen aktiv beteiligt und zeigen sich warmherzig. Diese (aktive) Haltung wird stärker in der nichtsprachlichen Kommunikation ausgedrückt, also durch Mimik, Gestik, Stimmführung und Sprechweise, konkret durch den warmherzigen Blick oder den freundlichen Augenkontakt oder eine herzliche Tonlage.

Wertschätzung äußert sich im professionellen Setting wie folgt: Ich nehme die Person zunächst einmal so an, wie sie eben ist, mit allen ihren Stärken und Schwächen. Ich verzichte auf Bewertungen ihrer Gefühle, Gedanken und ihres Verhaltens wie z. B. auf moralisierende Ratschläge solcher Art: *„Du hast da ein Problem mit Nähe und Distanz"*; *„Sie sollten Ihrem Kind öfter mal Grenzen setzen"* *oder etwa: „Du hast doch nichts davon, wenn Du…"*

Akzeptanz und Wertschätzung können unterschiedlich ausgedrückt werden durch:

- intensives Zuhören und aktives Bemühen, zu verstehen – konzentriert sein
- tröstende Berührungen (nur bei Zustimmung!)
- andere fürsorgliche Maßnahmen, die nicht besitzergreifend sind

Die Wirkung wertschätzenden Verhaltens ist enorm:

- Menschen lernen "modellhaft", sich selbst mehr zu akzeptieren.

- Besonders mit sich selbst unzufriedene Personen oder Menschen, die vermehrt Ablehnung und Kritik von ihrer Umwelt erfahren, brauchen diese Haltung verstärkt, um sich freier entwickeln zu können.
- Personen können durch diese Erfahrung mehr Selbst-Bewusstsein und Selbstwertgefühl entwickeln.

## Empathie

Empathie bedeutet, „den inneren Bezugsrahmen des anderen möglichst exakt wahrzunehmen, mit all seinen emotionalen Komponenten und Bedeutungen, gerade so, als ob man die Person wäre, jedoch ohne jemals die "als ob" - Position aufzugeben. Das bedeutet, Schmerz und Freude des anderen zu empfinden, gerade so wie er empfindet, dessen Gründe wahrzunehmen, so wie er sie wahrnimmt, jedoch ohne jemals das Bewusstsein davon zu verlieren, dass es so ist, als ob man verletzt würde usw." (Rogers, 1959/1991) Rogers ist dabei klar gewesen, dass zu diesem Mitschwingen eine große Bereitschaft seitens der beratenden Person bestehen muss, das Gegenüber mit allen Kräften verstehen zu wollen und gleichzeitig von den eigenen Wertungen abzusehen. Reinhard Tausch spricht in diesem Zusammenhang von „einfühlendem nicht-wertenden Verstehen der inneren Welt des anderen" (Tausch, 1990).

Im Folgenden seien die empathischen Basiskompetenzen kurz genannt, über die eine gesunde, mit sich im Einklang befindliche Person verfügt: Als eine wichtige Empathie-Fähigkeit ist zunächst die Fähigkeit der Gefühlsansteckung bzw. die Berührbarkeit zu nennen – die uralte menschliche Fähigkeit, den eigenen emotionalen Zustand dem einer anderen Person anzugleichen, die wir auch als "Mitschwingen" bezeichnen (siehe auch die Entwicklung prosozialen Verhaltens: Eisenberg & Fabes, 1998, p.701-778).

Bekannte Beispiele sind Säuglinge, die ebenso zu weinen beginnen, wenn andere Babies in ihrer Nähe weinen; das ansteckende Gähnen im Zusammensein mit vertrauten oder auch fremden Personen wie auch beim Anschauen von Bildmaterial mit gähnenden Menschen oder im Telefonkontakt, also beim Hören von Gähnenden; das ansteckende Lachen, das bekanntlich auch im Lachyoga aktiviert wird.

Desweiteren sei die Anteilnahme für andere genannt: Die Forschergruppe um Umberto Castiello, Università degli Studi in Padua, hat Studien an Föten im Mutterleib vorgenommen: Die Wissenschaftler filmten dazu mit Ultraschall die Bewegungen von Zwillingen im Mutterleib und stellten fest: Die Zwillinge beginnen schon nach der Hälfte der Schwangerschaft damit, sich gezielt gegenseitig zu betasten. Aus den Ergebnissen gehe klar hervor, dass das enge Miteinander mit Artgenossen im Menschen instinktiv angelegt sei.

Die nötigen Verschaltungen im Gehirn entstünden offenbar bereits während der Embryonalentwicklung. Möglicherweise sind die oben genannten Beobachtungen ein Beleg für die bereits pränatal angelegte Fähigkeit zur Empathie (Castiello et al.,2010).

Als Formen der Empathie seien genannt: Das Erkennen von Ausdrucks-signalen der Grundgefühle Freude, Überraschung, Wut, Ekel, Angst oder Trauer, welche kulturübergreifend gleichermaßen erkannt werden. Der Psychologe Paul Ekmann konnte nachweisen, dass auch von Geburt an blinde Menschen identische Mimik zeigen; bereits Babies können die Mimik anderer als Signale für deren Befinden deuten (Ekmann, 2004).

Die Fähigkeit der Perspektivenübernahme (cognitive perspective taking) – oder auch: "In die Schuhe eines Anderen schlüpfen": Damit ist gemeint, „psychische Zustände und Prozesse wie etwa das Denken, Fühlen oder Wollen einer anderen Person zu verstehen, indem die Situationsgebundenheit des Handelns (bildlich also: ihre Perspektive) erkannt und entsprechende Schlussfolgerungen gezogen werden". (Silbereisen,1995, S. 590-617) Es ist zu unterscheiden zwischen der personalen Empathie (Fähigkeit, sich in die innere Welt des Gegenübers, seine Gefühle, Sichtweisen, Wertvorstellungen oder Wünsche einzufühlen) und der situativen Empathie (Fähigkeit, sich in die Lebenswelt des Gegenübers einzufühlen, z. B. in seine spezielle Problemsituation von Arbeitslosigkeit, Elternschaft, Krankheit).

Empathie als Gesprächsführungs-"technik" – Verbalisieren emotionaler Erlebnisinhalte (VEE) ist eine der empathischen Kompetenzen, über die eher ausgebildete BeraterInnen verfügen: Eine Variante empathischen aktiven Nachfragens besteht  beispielsweise darin, die Gefühle, Sichtweisen (Wertungen) oder Wünsche des Gegenübers unmittelbar anzusprechen: *„Du bist enttäuscht darüber, dass..?"* oder *„Sie denken, dass das nicht so das Richtige für Sie ist?"* oder *„Du meinst, der Lehrer hätte Dich besser bewerten müssen?" „Du möchtest einfach mal in Ruhe spielen?"*

Empathisches Verhalten kann folgende Wirkung erzielen: Klient_innen können sich leichter mit ihren Problemen auseinander setzen; es wird ihnen leichter möglich, ihr Problem unter neuen Gesichtspunkten zu sehen; Personen werden zugänglicher für die Position des anderen und damit kompromissbereiter.

### Echtheit – Kongruenz – Authentizität – die "Königsdisziplin" der personzentrierten Begegnung

Ein Therapeut ist kongruent, wenn er „ sich dessen, was er erlebt oder leibhaft empfindet, deutlich gewahr wird, und dass ihm diese Empfindungen verfügbar sind, so dass er sie dem Klienten mitzuteilen vermag, wenn es angemessen ist" (Rogers, 1977/1989, S. 31). Eine kongruente Fachkraft teilt dem Klienten die eigenen Gefühle und Gedanken in der Art und Weise (d.h. in dem Maß) mit, wie dies für ihr Gegenüber förderlich ist. Berater_innen sprechen in "Ich-Botschaften" – sprechen eigenes Erleben oder eigene Wahrnehmungen an, welche für die Beziehung zum Klienten relevant sind (z. B. eigene Enttäuschung, eigenen Ärger, Berührt-Sein).

Als Beispiel für eine personzentrierte Selbsteinbringung im schulischen Elterngespräch sei hier folgende typische ungünstige Formulierung genannt, die erfahrungsgemäß Widerstand bei Eltern auslöst:

*"Ihr Sohn ist sehr aggressiv. Das kann so nicht weitergehen!"* Viel wirksamer und förderlich für die Aufrechterhaltung einer guten Beziehung im Elternkontakt ist die folgende authentische Formulierung im Rahmen einer Selbsteinbringung seitens der Fachkraft: "Wir haben seit einigen Wochen beobachtet, dass Daniel in den Pausen andere Mitschüler aus seiner Klasse provoziert- er hat z. B. mehrmals gedroht, dass er ihnen *"eins aufs Maul geben wolle"* Ich mache mir Sorgen, dass Daniel durch sein Verhalten zunehmend von seinen Mitschülern ausgegrenzt wird und frage mich, was im Moment da wohl mit ihm los ist?"

## Die Kraft der Personzentrierten Haltung in der professionellen Begegnung

Ein Beispiel aus der Allgemeinen Sozialberatung (einem früheren sozialpädagogischen Tätigkeitsfeld der Autorin):

Der Klient, 85 Jahre alt, seit 10 Jahren verwitwet, stark gehbehindert und benötigte zunehmend Hilfen aus unterschiedlichen Institutionen: Pflegerische Hilfe von der Sozialstation, Haushaltshilfe und Fahrten zum Arzt durch den ASB, Unterstützung bei der Alltagsbürokratie und dem "Kampf"mit dem Sozialamt durch die Beraterin der Allgemeinen Sozialberatung eines Caritasverbandes. Die MitarbeiterInnen aus den sozialen Diensten äußerten sich zunehmend frustriert oder verärgert im Kontakt mit Herrn K.. Er verhielt sich ruppig und nörgelte meist an den Diensten herum: *„Das hat meine Frau aber besser hinbekommen."* Niemand machte es ihm recht. Bei einem Hausbesuch fand nun folgender Dialog zwischen ihm und der Beraterin statt: Beraterin, freundlich zugewandt:

*„Gell, Herr K., so gut wie Ihre Frau den Haushalt geführt und überhaupt alles so gemanagt hat, da kommt wirklich keiner heran!"*

Herr K., seufzend: *„Oh ja, sie war das Beste, was ich in meinem Leben hatte!"*

Beraterin: *„Sie war und ist bis heute Ihre große Liebe?!"*

Herr K., gerührt und mit leuchtenden Augen: *„Oh ja, junge Frau! Das war und bleibt sie für immer für mich."*

Beraterin, selbst gerührt: *„Schade, dass ich sie nicht mehr kennenlernen konnte – sie muss ein ganz wunderbarer Mensch gewesen sein."*

Dieser Dialog wirkte wie ein Türöffner, und in den Folgemonaten entstand schrittweise eine sehr gute „Kooperationsbeziehung" zwischen Herrn K. und der Beraterin: In einer Mischung aus Verständnis für seine Behördenängste, geduldigem Zuhören bei seinen alten Kriegserlebnissen, in deren Zusammenhang er auch stolz von seinen bewältigten Abenteuern in amerikanischer Kriegsgefangenschaft erzählte, Verständnis für seine Trauer um seine geliebte Frau und humorvoller Ermutigung gelang es der Sozialpädagogin, die Ressourcen von Herrn K. zu aktivieren: Es gelang ihm nach einiger Zeit, selbständig bei der für ihn zuständigen Mitarbeiterin des Sozialamtes vorzusprechen und um Genehmigung einer finanziellen Sonderhilfe zu bitten (die auf dem schriftlichen Weg bereits abgelehnt worden war).

Dieser Erfolg ermutigte ihn, insgesamt zuversichtlicher im Umgang mit bürokratischen Problemen zu werden. Zudem legte er im Gegensatz zu früher Wert darauf, die Sozialpädagogin in der Beratungsstelle aufzusuchen.

Unvergessen ist für die Autorin die Situation, als Herr K., Rollstuhlfahrer, mit einer Tüte Aktenordnern auf dem Schoß bei der Beratungsstelle läutete und es sich nicht nehmen ließ, sich am Treppengeländer bis in den 2. Stock des Altbauhauses hoch zu ziehen: *„So jetzt komme ich mal zu Ihnen – Sie haben so viel zu tun, da will ich Ihnen den Weg sparen!"*

## Literatur:

Eisenberg, N. & Fabes, R.A.(1998). Prosocial development. In: Eisenberg, N (Ed.): Social emotional, and personality development. Handbook of child psychology. Vol. 3, 6th ed. Wiley & Sons, New York

Ekmann, P. (2004). Gefühle lesen. 1. Aufl., Spektrum Verlag, München

Frohburg, I. (2009). Wirksamkeitsprüfungen der Gesprächspsychotherapie. GwG-Verlag, Köln

Hinz, A. & Behr, M.(2002). Biografische Rekonstruktionen und Reflexionen – zum 100. Geburtstag von Carl Rogers. Gesprächspsychotherapie und Personzentrierte Beratung. 33, (3), 197-210

Keil, W. & Stumm, G. (2002). Das Profil der Klienten-/Personzentrierten Psychotherapie. In: Keil, W. & Stumm, G.(Hrsg.). Die vielen Gesichter der Personzentrierten Psychotherapie.Springer-Verlag, Wien

Kriz, J. (2003). 50 Jahre empirische Psychotherapieforschung: Rückblicke – Einblicke – Ausblicke. Zeitschrift Person, 2

Rogers, Carl R. (1983). Der neue Mensch. 2. Aufl., Klett-Cotta-Verlag, Weinsberg

Rogers, Carl R. (1961/1979). Entwicklung der Persönlichkeit. 3.Aufl., Klett-Cotta-Verlag, Weinsberg

Rogers, Carl R. (1959/1991).Theorie der Psychotherapie, der Persönlichkeit und der zwischenmenschlichen Beziehungen. 3. Auflage, GwG-Verlag, Köln

Rogers, Carl R. (1977/1989).Therapeut und Klient. Fischer Verlag, Frankfurt a.M.

Schmidt, P.F. (2002). Anspruch und Antwort: Personzentrierte Psychotherapie als Begegnung von Person zu Person. In: Keil, W. & Stumm, G., Hrsg. Die vielen Gesichter der personzentrierten Psychotherapie. Springer-Verlag, Wien

Silbereisen, R.K. (2002). Soziale Kognition - Entwicklung von Sozialem Wissen und Verstehen. In: Oerter, R. & Montada, L.(Hrsg): Entwicklungspsychologie . 5. Aufl., Beltz-Verlag, Berlin

Tausch, R. (1990). Gesprächspsychotherapie. 9. Aufl., Hogrefe-Verlag, Göttingen

Quitmann, H. (1996). Humanistische Psychologie.3. Aufl., Hogrefe-Verlag, Göttingen

Heinz Hinz

# Grundbedürfnisse und Selbstwertgefühl als bedeutsame Merkmale für gelingende Kommunikationsprozesse

## Die Bedeutung der Grundbedürfnisse im Kommunikationsprozess

Wenn Sie in einem emotional angereicherten Gespräch, in einem Beratungsgespräch oder im Team das Gefühl haben, das Gespräch ist nicht mehr konstruktiv und es wird immer anstrengender die Standpunkte auszutauschen, wenn es immer häufiger zu Bewertungen der Argumente des Gegenübers kommt, dann lohnt es sich auf die Grundbedürfnisse des Gegenübers und auch auf seine eigenen Grundbedürfnisse zu achten und diesen nachzuspüren. Es kann davon ausgegangen werden, dass in solch einem Kommunikationsprozess der „gute Ton" verloren gegangen ist.

Wie kann nun in dieser Situation der Weg zurück zum „guten Ton" und damit zu einer gelingenden Kommunikation gefunden werden?

Wenn wir in diesen emotionsangereicherten Situationen uns unserer Grundbedürfnisse versichern und auch auf die Bedürfnisse des Gegenübers achten, bekommen wir die zentralen Lösungshinweise.

## Zentrale Grundbedürfnisse

Wenn wir uns zurückbegeben in das Säuglingsalter, bekommen wir die zentralen Hinweise auf die basalen Bedürfnisse, die die Grundlage bilden für eine gesunde, vitale und kreative Entwicklung des Säuglings. Folgende basalen Bedürfnisse bilden die Grundlage:
• Bedürfnis nach Sicherheit und Bindung
• Bedürfnis nach Anregung und Exploration
• Bedürfnis nach sensorischer Stimulation
• Bedürfnis nach Selbstwirksamkeit
• Bedürfnis nach Vermeidung von negativen Stimuli
• physiologische Bedürfnisse
Wenn wir nun diese basalen Bedürfnisse im Erwachsenalter betrachten, können wir auf die gleichen Bedürfnisse, allerdings in einer etwas anderen

Ausdrucksweise verweisen – im Erwachsenenalter auf Indikatoren, die bei Nichtbeachtung zu massivem Stress führen, oder zu dem Zustand, dass der „gute Ton" in der Kommunikation verloren geht.

In einer Gegenüberstellung, Säugling – Erwachsener soll dieser Zustand aufgezeigt werden:

| Säugling | Kommunikationsprozess: Erwachsene |
|---|---|
| Bedürfnis nach Sicherheit und Bindung | Bedürfnis nach Wertschätzung, Zugehörigkeit und Wohlbefinden |
| Bei mangelnder Feinfühligkeit, wie z. B. schreien lassen, überstimulieren, Bedürfnisse falsch interpretieren und unangemessen antworten<br>Beobachtbar in vielen Alltagssituationen…<br>Es wird Stress aufgebaut<br>Bei guter Feinfühligkeit: Beziehungs- u. Bindungsaufbau, Aktivierung Motivationssystem, neue Erfahrungen | Vorwürfe vermeiden, nicht in die Konfrontation gehen<br>sich zuwenden, feinfühliges Aufnehmen des Gegenübers<br>Wird dies nicht erlebbar, entsteht Stress beim Gegenüber<br>Folge: Keine Exploration möglich, neuer Input wird abgewehrt… |

| Physiologische Bedürfnisse | Gibt es Entlastung? Gibt es Pausen? Wohlbefinden |
|---|---|
| Nahrung, Pflege, Körperliche Unversehrtheit… | Setting: Stimmt der äußere Rahmen?<br>Lautstärke? Ruhig? Hell? Sitze?<br>Angenehm/unangenehm?<br>(Abstellkammer?)<br>Klient weint: Tempotaschentuch… etc.<br>Telefon? Türklopfen?<br>Dies alles ist die Basis für einfachen Beziehungsaufbau, sich aufgehoben fühlen in der Kommunikationssituation<br>Die ist die Basis für Sicherheit in der Kommunikation! |

| Bedürfnis nach Anregung und Exploration | Lernneugierig, sich interessieren, Standhalten, Exploration |
|---|---|
| Erkundungen unterstützen, fördern, zulassen… Möglichkeiten zu neuen Erfahrungen unterstützen, anbieten Bei Nichterfüllung: Kein Lernzuwachs… etc.. | Vorwürfe vermeiden, nicht in die Konfrontation gehen, sich zuwenden, feinfühliges Aufnehmen des Gegenübers Wird dies nicht erlebbar, entsteht Stress beim Gegenüber Folge: Keine Exploration möglich Stagnation im Gespräch, eine Weiterentwicklung der Situation ist nicht möglich – Sackgasse |

| Bedürfnis nach sensorischer Stimulation | Taktvoller Umgang, Kommunikation, Wohlbefinden |
|---|---|
| Alle Sinne stimulieren, Berührung, riechen, schmecken, hören: Musik, Klang, Duft… Vielfältige sensorische Erfahrungen ermöglichen Mangel an sensorischen Erfahrungen: Reduktion von Wachstumshormonen | Im professionellen Gespräch nachrangig bzw. im Beratungskontexten per se ausgeschlossen Außer: begrüßen, verabschieden mit Handschlag. Keine Grenzüberschreitung evtl. Glas Wasser … Tee… Kaffee vgl. auch Physiologische Bedürfnisse |

| Vermeidung negativer Stimuli | Ist es überschaubar? Wohlbefinden |
|---|---|
| Vermeidung extremer Reize: laute Musik, Hitze, Anschreien… | Allgemein: Berater/in soll Emotion und Affekt moderat, d.h. nicht zu laut und nicht zu intrusiv äußern keine überschießende Sprechweise, Emotionen, Motorik, Gestik… |

| Bedürfnis nach Selbstwirksamkeit | Kann ich etwas gestalten, Standhalten, sich engagieren, Partizipation |
|---|---|
| Die Lust, die „Welt in Bewegung zu setzen und die Lust daran dies zu erleben" soll unterstützt werden; aber auch die Erfahrung, selbst den anderen erreichen und zu Reaktionen veranlassen zu können<br>Selber! Selber! Selber!...<br>Dies heißt nicht nur motorische Aktivität zu ermöglichen, sondern auch emotional zu unterstützen<br>Bei Fehlen der Unterstützung: Rückzug, Stress (Motivationssystem „fährt" runter) keine positiven Lernerfahrungen | Man muss zunächst positiven emotionalen Bezug zum Gegenüber unterstützen, aufbauen, halten, damit Selbstwirksamkeit auf Seite des Klienten erlebt wird<br>Wird eher im Kommunikationsprozess erlebbar, weniger in der singulären Situation<br>Hinweise zu Handlungsmöglichkeiten geben, Handlungsideen u. –phantasien entwerfen, Probehandeln anregen |

## Tipp

Wenn Sie nach einem schwierigen Gespräch die Gesprächssituation reflektieren, oder ein emotionsangereichertes Gespräch vor sich haben, sollten Sie sich zur Nachbereitung und Vorbereitung kurz folgende Fragen reflektieren: In wieweit sind ihre Grundbedürfnisse erfüllt? Wie sieht es hier bei Ihnen aus? Wie sind sie zurzeit mit Ihren Grundbedürfnissen unterwegs?

In welchen Situationen, an welchen Stellen haben Sie in Ihren beruflichen Alltag und in Kommunikationsprozess die positive oder negative Dynamik basaler Grundbedürfnisse bei sich selber oder bei ihrem Gegenüber erlebt bzw. gespürt?

## Selbstwertgefühl und die Bedeutung in Kommunikationsprozessen

Ein weiteres zentrales Merkmal, welches in engem Zusammenhang mit dem Gelingen von Kommunikationsprozessen steht, ist das Selbstkonzept bzw. das Selbstwertgefühl (Virginia Satir).

Empfindlichster und zugleich veränderbarster Teil unserer Persönlichkeit ist das Selbstwertgefühl. Dieses Gefühl entscheidet über die psychische Befindlichkeit (vgl. physiologische Grundbedürfnisse, negative bzw. positive Stimuli usw.) Das Selbstwertgefühl ist eine variable Größe die ausgesprochen von Umweltreaktionen und -Einflüssen abhängig ist. Diese Abhängigkeit ist umso größer, je jünger ein Mensch ist und je weniger selbstbewusst ein Mensch ist.

Wann immer das Selbstwertgefühl angegriffen wird, leidet die Kommunikation. Wertschätzende Signale ermöglichen den Beginn einer partnerschaftlichen Kommunikation.

### Wie entstehen eine stabile Identität und ein Selbstkonzept?

Ein stabiles Selbstkonzept entsteht aus dem Gefühl einer geglückten Auseinandersetzung mit den Umweltanforderungen und dem sich entwickelnden Bewusstsein eines Selbst, das unverwechselbar in verschiedenen sozialen Beziehungen des Individuums zu seinem Lebenskontext über die Zeit hinweg ist. Ein stabiles Selbstkonzept wird deutlich durch den persönlicheren Ausdruck, die Gestik, Mimik, Körpersprache und auch die soziale Kompetenz gehören dazu. Das Selbstkonzept liefert die Bausteine der Identität als „souveräner" Gesprächsführer, Berater usw..

### Ziele und Aufgaben des Selbstkonzeptes

Das Selbstkonzept dient dem Menschen als Strukturierungs- und Orientierungshilfe. Es ermöglicht dem Individuum neue Erfahrungen und Informationen zu verarbeiten und einzuordnen, Verhalten zu antizipieren, zu erklären und damit Kontrolle über sich und seine Umwelt auszuüben. Es steuert die Motivation eines Menschen, indem es Einfluss auf sein Handeln und Verhalten nimmt und determiniert auf diese Weise, inwieweit er sich erfolgs- oder misserfolgsorientiert, lustvoll oder lustlos auf eine Auseinandersetzung mit seiner physikalischen und sozialen Umwelt einlässt.

### Selbstwert und Kommunikation

Das Gefühl des eigenen Wertes ist o.k., wenn ich so akzeptiert werde, wie ich bin. Meine Meinung, Auffassung, meine Ideale, Wertvorstellungen usw. akzeptiert, toleriert, gelobt werden. Wenn ich ernstgenommen werde, ich gefragt werde, sich jemand für meine Sichtweise interessiert, mir zugehört wird und man mir mit Freundlichkeit und Wertschätzung begegnet.

## Die vier Muster, die eine gelingende Kommunikation verhindern

(vgl. V. Satir). Diese Muster treten dann auf, wenn in Kommunikationsprozessen die Grundbedürfnisse und das Selbstkonzept auf Grund von Bewertungen und Abwertungen instabil werden.

### Der Ankläger – Die anklagende Kommunikation

Der Andere soll mir gehorchen, soll wissen und akzeptieren, dass ich hier der Chef bin. Bevor ich mich in Frage stellen lasse, stelle ich alle anderen in Frage.

Ich bin einsam und erfolglos. Niemand liebt mich, will mich. Wenn ich nicht angreife, bin ich wertlos und verloren. Wenn ich den Anderen dazu bringe, mir zu gehorchen, fühle ich mich besser. Ich muss die anderen anklagen und klein machen, weil ich sonst meine Wertlosigkeit, meinen inneren Zustand bzw. mein instabiles Selbstkonzept nicht ertrage.

### Der Rationalisierer – die intellektuell rationalisierende Kommunikation

Der Andere soll wissen, dass mich das alles nicht bewegt und aus der Ruhe bringen kann. Ich stehe darüber und habe es im Griff. Ich bin ruhig, cool, gesammelt und immer vernünftig. Ich fühle mich leicht ausgeliefert. Wenn ich die Dinge an mich heranlasse und in mir Gefühle hochkommen lasse, bin ich verloren und wertlos. Wenn ich alles nur durch den Verstand verarbeite, fühle ich mich überlegen und wertvoll. Ich muss immer die richtigen Worte finden und sprechen. Ich muss jeden Anflug eines Gefühls sofort durch die Vernunft stoppen, weil ich sonst meine Wertlosigkeit meinen inneren Zustand bzw. mein instabiles Selbstkonzept nicht aushalte.

### Die Beschwichtigerin/die Anbeterin – die beschwichtigende Kommunikation

Der Andere soll mich mögen und lieben. Er soll ja nicht ärgerlich mit mir werden. Ich komme mir wertlos und minderwertig vor. Ich kann ohne die Annahme und Zustimmung des Anderen nicht leben. Ich brauche Harmonie, um leben zu können. Spannungen und Auseinandersetzungen kann ich nicht ertragen. Ich muss „ja" sagen und nachgeben. Ich muss tun, was man von mir will, sonst kann ich meine Wertlosigkeit nicht ertragen.

**Die Verwirrerin – die ablenkende, irrelevante Kommunikation –**
Der andere soll wissen, dass man mich nicht festnageln kann. Ich will nicht, dass jemand weiß, was ich wirklich denke oder fühle. Ich fühle mich völlig unwichtig. Niemand macht sich etwas aus mir. Ich gehöre nirgendwo hin.

Ich bin einsam und mein Leben ist zwecklos. Wenn ich auf nichts eingehe und alles ins Lustige ziehe, bin ich ein Original und man mag mich. Das gibt mir ein besseres Gefühl und etwas Wert. Ich muss immer ausweichen und ablenken können. Ich muss jedem Anflug von Ernsthaftigkeit oder „Sich-Festlegen" etwas Beziehungsloses, Irrelevantes entgegenhalten können, weil ich mich sonst mit meinem instabilen Zustand bzw. mein instabiles Selbstkonzept konfrontiert sehe.

## Tipp:

Spüren Sie in schwierigen Gesprächen nach, zu welchem Muster Sie selbst eine hohe Affinität besitzen. Wie kann ich mit meinem Gegenüber reden, damit sein Selbstkonzept wieder stabil werden kann.

Achten Sie auf ihren eigenen Inneren Zustand in emotionsangereicherten Gesprächen:

* Erwartungen klären – oft verstehen wir die Absicht nicht, die hinter einer Mitteilung steht, die uns gemacht wird
* Zuhören können – Zuhören erfordert Geduld und Rückfrage. Zu oft meinen wir verstanden zu haben und haben nur unsere eigene Interpretation gemacht, die meistens auf dem „Vorurteil" zur Person beruht
* Spiegeln – darauf achten, was das Erzählte / Erlebte mit mir selber tut und den Eindruck fragend weitergeben
* Eingehen, Annehmen – Verstärken, vertiefen was schon ausgedrückt wurde
* Hintergründe erforschen – manchmal hat man das Gefühl, dass etwas gesagt wird und etwas Anderes gemeint sei
* erstaunlich reagieren – ich spüre, dass Du Dampf ablassen musst. Meinst Du das persönlich auf mich?
* Zurückweisen / sich verwahren (im Extremfall) – In diesem Ton rede ich mit Dir nicht. Wenn Du wieder respektvoll sein kannst, werde ich zum Reden bereit sein

**Abschließend zeigen sich folgende Gedanken als bedeutsam für eine gelingende Kommunikation:**
- Interesse und Verstehen für andere
- andere Menschen, Meinungen und Ansichten finde ich interessant
- Gefühle, Regungen und Gedanken anderer verstehen und nach Möglichkeit nachvollziehen können
- Mut zu den eigenen Ansichten, Überlegungen Gefühlen und Empfindung zu stehen
- aber auch eine Auseinandersetzung in Kauf nehmen, wenn jemand mich überfahren will
- Ich reflektiere meine Wahrnehmung, meine entstehenden Gefühle und daraus entstehendes Bedürfnisse und meine gewünschten Handlungen

Jürgen Metter
# Gewaltfreie Kommunikation
# nach Marshall B. Rosenberg

## Einleitung

Die Gewaltfreie Kommunikation nach Marshall B. Rosenberg hat mich immer stärker geprägt, seit ich vor 9 Jahren mit ihr in Kontakt gekommen bin.

Sie hat mein Menschenbild verändert und mir in unzähligen Situationen eine innere Haltung der Einfühlsamkeit mit mir selbst und meinem Gegenüber ermöglicht.

Die Gewaltfreie Kommunikation, kurz GFK, ist ein Begriff, den Marshall B. Rosenberg vor mehr als 40 Jahren geprägt hat. Entstanden ist das Modell durch die Erfahrungen Rosenbergs als weißer Jude in in den USA, durch körperliche Gewalt während der Rassenkrawalle und Diskriminierung als Jude.

Seine Ideen waren inspiriert durch die Arbeit von Carl Rogers, dem Entwickler der klientenzentrierten Psychotherapie und Mahadma Gandhi, dem Vater des gewaltfreien Widerstands.

Schon Anfang der sechziger Jahre begann er seine Ideen als Mediator in Gemeinden umzusetzen, in dem er sie bei der Überwindung der Rassentrennung unterstützte. Rosenberg verstand es in fast allen Konfliktherden der Welt Menschen zusammen zu bringen und durch das Aussprechen der Bedürfnisse und Gefühle neue Wege und Lösungen aufzuzeigen.

Das GFK Modell und die innere Haltung wird inzwischen auch als Achtsame Kommunikation, Einfühlsame Kommunikation, Inklusive Kommunikation oder Transparente Kommunikation mit zum Teil unterschiedlichen Erweiterungen und Schwerpunkten weltweit eingesetzt.

In Schulen, mit dem Modell der Streitschlichter zum Beispiel, in Ausbildungen im sozialen Bereich, in vielen Kleingruppen, die sich regelmäßig treffen, in Führungskräfteseminaren und im Justizvollzug, um nur einige Bereiche zu nennen.

Auf die Frage an Marshall Rosenberg, warum die GFK funktionieren würde, antworte er immer : *„Ich habe es ausprobiert".*

Wenn ich nun versuche, Ihnen zu erklären was die GFK ist, welche Ideen, Konzepte und Methoden darunterliegen, dann kann dies immer nur ein kleinr Puzzleteil sein. Das Gesamtbild, seine Wirkung und Wirkkraft kann letzten Endes nur durch Sie entstehen, im Ausprobieren, im sich Einlassen im Alltag, im Scheitern und wieder neu versuchen.

Mit anderen Worten, GFK ist ein Prozess. Es geht nicht darum eine neue Sprache zu lernen, die gewaltfreie Sprache, es geht in der Essenz um Liebe, Liebe für mich selbst und meine Mitmenschen unabhängig vom Verhalten. Es geht nicht um elitäre Kreise von GFK-geübten, die sich dadurch besser verständigen können. Es geht darum, durch die GFK gerade mit den Menschen in Verbindung treten zu können, die eben nicht einfühlsam, wertschätzend und respektvoll unterwegs sind.

Wenn Sie bis hierher zustimmend nicken, wunderbar. Wenn nicht und sich Widerstand regt, wunderbar. Das wäre im Sinne der GFK eine Übung im sich Öffnen für das Aderssein, für die andere Meinung ohne die eigene Meinung in Frage zu stellen. Damit kann sich ein Raum aufspannen, in dem Neues entsteht, Zugang zu einem erweiterten Verstehen und Fühlen.

## Innere Haltung

Die zentrale These der GFK basiert auf der Annahme, dass alle Menschen die gleichen Grundbedürfnisse haben. Welches diese Grundbedürfnisse sind , dazu gibt es viele Forschungen und Modelle. Eines davon, das Gerald Hüther, der Neurobiologe hervorhebt, sind die Grunddeterminanten des menschlichen Lebens. Sicherheit und Wachstum. Im Mutterleib sind wir sicher und geborgen, und dennoch wachsen wir ständig und müssen uns lösen. In diesem Spannungsfeld leben wir ständig.

Viktor Frankl, der als Jude drei Konzentrationslager überlebt hat, sieht als zentrales Bedürfnis des Menschen, den Sinn. Sinn in meinem Leben zu realisieren, ist für ihn der Motor, der den Menschen antreibt.

Weitere wichtige Grundbedürfnisse sind :

- Wertschätzung
- Nähe/Zuwendung/Liebe
- Kontrolle/Autonomie
- Schmerzvermeidung/Lustgewinn
- Entspannung/Ruhe/Muße oder
- körperliche Unversehrtheit

Für Rosenberg war der Aspekt, den er in die GFK einfließen ließ, dass jeder Mensch im Grunde nichts anderes will, als diese Grundbedürfnisse in sein Leben zu übersetzen.

Bei der Übersetzung hat der Mensch, im Gegensatz zum Tier, Freiheiten und Optionen. Wir können ein Bedürfnis nach Sicherheit versuchen dadurch zu realisieren, dass wir Versicherungen abschließen, jeden Schritt zweimal überlegen, uns scheuen Neues zu wagen oder in dem wir ein Vertrauen in unsere Fähigkeiten entwicklen, auch mit schwierigen Verhältnissen umzugehen und dadurch unser Bedürfnis nach Sicherheit zu erfüllen.

Es sind die Strategien, in denen wir uns unterscheiden. Ein Kriterium des Unterschieds ist, ob die gewählte Strategie eher Leid oder Gewalt erzeugt für mich oder meine Mitmenschen oder ein Miteinander in Respekt, Liebe und Mitgefühl.

Wenn wir Menschen begegnen, die Strategien des Leids oder der Gewalt gewählt haben, können wir uns davor verschließen, dagegen ankämpfen oder weglaufen.

Wir können ihnen jedoch auch mit offenem Herzen begegnen und versuchen, sie bei ihren unerfüllten Bedürfnissen abzuholen oder zumindest ein Verständnis dafür zu entwickeln.

Verständnis bedeutet nun nicht, passiv Gewalt und Aggression zu ertragen. Wenn wir GFK leben, sagen wir deutlich Stopp, wenn unsere Grenzen verletzt werden. Wenn ich mir dennoch bewusst bin, dass das Verhalten des Anderen immer ein Ausdruck seiner unerfüllten Bedürfnisse ist, entsteht wiederum ein Möglichkeitsraum für Verständigung und neue Wege.

Rosenberg warnte eindringlich vor der Verwendung von statischer Sprache. Damit ist eine Sprache gemeint, die den Fluß des Lebens negiert. Wenn ich sage „Du bist ein Narzist" reduzieren wir den Menschen auf ein einziges Verhaltensmerkmal. Wir verschließen unsere Augen davor, dass jeder Mensch viele ganz unterschiedliche Anteile hat, die er in unterschiedlichen Kontexten auch anders lebt und zeigt und sich auch von Minute zu Minute ändern kann. Leben ist niemals statisch. Mit Etiketten bauen wir Mauern, statt sie einzureißen, zementieren wir das, was wir verflüssigen wollen.

In den GFK Gruppenstunden höre ich oft den Satz :
*"Es fällt mir schwer, meine Bedürfnisse überhaupt zu erkennen und zu spüren".*
Mich zu spüren setzt voraus, mir überhaupt die Zeit zu nehmen, mich auf mich einzulassen. Was wir meist gut können und praktizieren ist es, uns auf unsere Gedanken einzulassen. Wir bewegen sie stundenlang, ja tagelang hin und her in der Hoffnung, sie mögen uns weiter führen, Probleme auflösen, Erklärungen liefern. Wir sind dann ganz Gedanke.
Weit schwerer fällt es uns, den inneren Beobachter zu aktivieren. Ins Bewusstsein zu heben, dass da ein Gefühl entsteht oder uns auf ein Gefühl einzulassen ohne sofortige Reaktion: Einfach da sein mit dem was gerade ist. Gedanken wahrzunehmen als etwas, das in unserem inneren Raum auftaucht.

In der GFK ist es eine zentrale Übung, zu unterscheiden, was ein echtes Gefühl ist und was ein sogenanntes Pseudogefühl. Ein echtes Gefühl hat seinen Ursprung im Körper, ist dort zu verorten. Pseudogefühle sind Gefühle die wir zwar so benennen, die jedoch ihrem Wesen nach Gedanken sind.
*„Ich fühle mich missverstanden".* Hier liegt das Denken zu Grunde, die Interpretation, dass es jemanden gibt, der mich nicht versteht. Das darunter liegende Gefühl kann Ärger sein, der durch den Gedanken entsteht oder Trauer, oder eine Irritation. Es kann eine Selbstabwertung entdeckt werden, im Sinne von *„ich kann mich einfach nicht gut ausdrücken"* oder ein Gefühl der Angst, das was ich sagen will ganz offen auszusprechen, weil ich die Reaktion des anderen nicht abschätzen kann.
Genau darum geht es in der GFK. Dieser Aspekt wird auch Selbsteinfühlung genannt.

Es ist eine Art Detektivarbeit in unserer inneren Welt. Wir interessieren uns für die tieferen Schichten, graben nach, wie Schatzgräber.
Vielleicht entsteht an dieser Stelle die Frage, was denn das mit Kommunikation zu tun habe, mit gewaltfreier Kommunikation. Es wird deutlich, dass es viel mehr darum geht was wir wollen, als um das was wir nicht wollen. Es geht in der Essenz nicht darum frei von Gewalt zu sein, sondern einfühl-

sam mit uns. Dies ist die Basis dafür einfühlsam mit unseren Mitmenschen umzugehen und damit ohne Gewalt und Aggression auszukommen.

Wir brauchen sie nicht mehr als Krücke um unsere Bedürfnisse durchzusetzen oder als unbewusste Reaktion auf äußere Einflüsse.

Die innere Haltung der GFK basiert auf 6 Elementen:

1. der bewussten Entscheidung für Achtsamkeit, im Sinne davon, mich wichtig zu nehmen, meine Gefühle, Bedürfnisse, meine Körperwahrnehmung. Es bedeutet auch meinen Fokus auf den Moment zu richten.

2. der Fähigkeit, und der Verpflichtung meinen inneren Beobachter zu aktivieren. Das bedeutet, mich zu entscheiden, achtsam meinen Innenraum zu betrachten und den Autopiloten auszuschalten.

3. Verantwortung für meine Gefühle zu übernehmen. Meine Gefühle haben immer mit mir zu tun. Andere können maximal der Auslöser für meine Gefühle sein. Meine Gefühle sind eine Reaktion auf meine erfüllten oder unerfüllten Bedürfnisse.

   Anmerken will ich hier, dass das Thema der übernommenen Gefühle anders zu behandeln ist. Damit sind Gefühle gemeint, die wir von El tern oder Großeltern übernommen haben, für die wir eben keine Verantwortung zu übernehmen haben, sondern erkennen müssen was deren Ursprung ist. Verantwortung zu übernehmen bedeutet gleichzeitig handlungsfähig zu werden und herauszukommen aus der Starre des Opfer-Seins.

4. das Bewusstsein, dass Verhalten immer ein Ausdruck meiner Bedürfnisse ist und Bedürfnisse grundsätzlich lebensfreundlich sind. Lebensfeindliches Verhalten liegt nicht an den Bedürfnisse n sondern immer an den gewählten lebensfeindlichen Strategien, die wir anwenden.

5. Einfühlsamkeit mit uns selbst und anderen ist der Quell für wahre Begegnung. Wahre Begegnung ist spürbar durch eine tiefe Verbindung, ein Fließen zwischen uns. Der Raum, der dadurch entsteht schafft ein Feld für Kreativität, Liebe und einen erweiterten Blick auf die Welt.

6. der Verpflichtung, Erkenntnisse, die ich gewonnen habe, auch umzusetzen, Neues Bewusstsein braucht die klare Entscheidung der Umsetzung.

## Wie sage ich es ?

GFK ist keine Methode die nur eingesetzt werden kann, wenn alle Beteiligten GFK-erfahren sind. Dies ist eine häufig geäußerte Kritik. Der Startpunkt, wenn wir uns auf GFK einlassen, ist immer bei uns selbst.

Im ersten Schritt erweitern wir unser Bewusstsein und erkennen unsere Gewohnheiten, Muster und Reaktionsweisen. Durch achtsames Wahrnehmen und Beobachten meiner Gefühle und der darunter liegenden Bedürfnisse, durch Selbsteinfühlung verändern wir unsere Ausstrahlung. Allein dadurch erhöht sich die Wahrscheinlichkeit, dass sich der Kontakt zu meinen Mitmenschen bewusster, liebevoller, achtsamer vollzieht.

Dies kann ich in jedem Kontext nutzen. Sei es mit meinen Kindern, in der Schule, im Beruf, Verein oder einfach in den alltäglichen Begegnungen.

Dadurch, dass der Fokus der Veränderung, den wir auf dem GFK-Weg beschreiten, zunächst auf mein Innen gerichtet ist, spielt das Wort, das Gesagte zunächst eine eher untergeordnete Rolle. Die Frage *„Wie sage ich es denn richtig",* wird damit weniger wichtig. Dies entlastet.

Entscheidend für die Wirkung von Kommunikation ist viel mehr die Energie die in mir wirkt, und damit der Klang meiner Stimme, meine Mimik und Gestik, kurz meine Ausstrahlung, als die Worte, die ich spreche.

Wenn ich eine Fremdsprache lerne reicht es nicht, nur die Vokabeln und die Grammatik zu kennen um in einen guten Kontakt zukommen.

Es braucht ein Interesse an der anderen Kultur, Offenheit und eine innere Entscheidung mich einzulassen.

Dennoch beschäftigen wir uns in der GFK mit der Wirkung von Worten und Sätzen, damit, wie wir oft mit einfachen Änderungen einem Gespräch eine neue Wendung geben können. Fragen sind dabei ein wichtiges Hilfsmittel.

*„Wie geht es dir damit, was ich gerade gesagt habe?".* Mit dieser Frage begeben wir uns auf die Beziehungsebene, die im Moment wichtiger ist, als die Sachebene auf der wir gerade nicht weiter kommen.

*„Ich habe gehört, dass ......".* Damit versuchen wir das, was wir vom Anderen gehört haben, zusammenzufassen. Die Zusammenfassung gibt uns die Möglichkeit zu überprüfen, ob das Verstandene mit dem Gesagten übereinstimmt. Hilfreich sind solche Zäsuren in einem Gespräch auch um aus dem

reaktiven Modus heraus zu kommen und uns quasi wieder neu zu justieren, neu einzustimmen auf unser Gegenüber.

Wenn wir unserem Ärger Ausdruck verleihen, gebrauchen wir oft Formulierungen, die dem Anderen sagen, was an ihm nicht stimmt. *„Nie machst du, was ich dir sage.",* könnte eine Mutter oder Vater zu ihrem Kind sagen.

Wenn wir statt dessen dem Beachtung schenken, was wir brauchen und dem Ausdruck verleihen, könnte es sich so anhören: *„Ich bitte dich den Müllsack hinunter zu tragen, das hilft mir, weil ich gerade so viel zu tun habe mit dem Aufräumen der Küche."*

Je konkreter wir Bitten formulieren und je klarer es wird, was der Andere zu unseren Bedürfnissen beitragen kann, desto höher ist die Wahrscheinlichkeit, dass unsere Bitte erfüllt wird.

Die darunter liegende These ist, dass wir Menschen gerne zum Wohlergehen Anderer beitragen. Wenn dies nicht der Fall ist, haben wir oft während der Kindheit gelernt, dass Einfühlsamkeit und Hilfsbereitschaft nicht belohnt werden, oder keine Vorbilder gehabt, die uns dies vorgelebt haben.

Entscheidend ist wiederum unsere innere Haltung. Wenn ich meinen Gegenüber als faul und unwillig betrachte und diese Haltung in meine Bitte einfließt, werde ich wiederum mit hoher Wahrscheinlichkeit erfahren, dass meine Annahmen eintreffen.

Während Fragen einen klärenden Charakter haben können, können sie auch einen verschleiernden Charakter haben. *„Was ist los mit dir ?".*

Obwohl diese Frage Interesse suggeriert, liegt dennoch manchmal ein Wissen darunter, was mit dem Anderen los ist. Wir spüren sehr wohl den Ärger und wissen genau, was die Ursache des Ärgers sein kann. Mit der Frage lenken wir ab von uns und unserer Verantwortung, darüber zu sprechen, was ohnehin schon gefühlt oder gedacht wird. Wir schieben die Verantwortung ab. Hilfreicher kann in solchen Situationen sein, darüber zu sprechen was in UNS los ist. Dies ist sicherlich der für uns zunächst schwierigere Weg, erfordert er doch, dass ich mich in mir umsehe, Klarheit gewinne über mein Fühlen und meine Bedürfnisse. Wir können zum Beispiel sagen

*"Ich spüre einen Ärger in dir und vermute, das liegt an dem was ich gerade gesagt habe. Magst du mir sagen ob das stimmt ?".* Auf einer energetischen Ebene sind wir dadurch spürbarer, präsenter, greifbarer.

Genau das, was wir uns von unserem Gegenüber wünschen.

Der Einwand mag sein, dass dies nun eine entsprechende Reaktion des Anderen erfordert, und nur hilfreich sei, wenn dies auch eintritt. Genau an dieser Stelle brauchen wir eine innere Haltung von Akzeptanz und Vertrauen. Wir streichen innerlich das „er oder sie sollte doch ...“ und ersetzen es durch unsere Eigenverantwortung.

Wir können andere Menschen nicht kontrollieren. Wir können jedoch alles tun, Klarheit in uns zu schaffen und damit Raum für Weiterentwicklung.

Neben all den Bereichen, die sich für uns schwierig und leidvoll anfühlen und unserem Fokus auf das Widrige in unserem Leben, spielte für Rosenberg die Wertschätzung und das Feiern ein wichtige Rolle.

Sprachlich drücken wir dies oft durch ein Lob aus. *„Das ist wirklich ein tolles Bild, das du gemalt hast“*. Für Rosenberg war dies ebenso ein Ausdruck von Gewalt.

Zunächst mutet diese These sonderbar an. Wir loben. Was soll daran schlecht sein ?

Wenn wir uns die Formulierung genauer ansehen, enthält sie eine Feststellung. Das bedeutet, wir nehmen für uns in Anspruch zu entscheiden, ob es ein tolles Bild ist oder eben nicht. Mehr noch, wir umgehen das in uns hinein spüren um herauszufinden, was es eigentlich ist, was uns an dem Bild berührt, gefällt oder anspricht. Oder es ist ein Ausdruck der Hilflosigkeit, auszudrücken, dass uns das Bild nicht gefällt, wir aber etwas Nettes sagen wollen.

Eine authentische Rückmeldung wäre für den Angesprochenen sicher hilfreicher. Zum Beispiel: *„Mir gefallen die leuchtenden Farben auf deinem Bild“*. Oder: *„Das Bild löst unterschiedliches in mir aus. Magst du mir etwas über das Bild erzählen ?“*.

Giraffen sind nicht nur nett, ist ein Satz, den ich oft von Rosenberg gehört habe. Es geht nicht darum gewaltfrei durch freundlich zu ersetzen. Das Ziel ist es, uns mit dem zu verbinden, was in uns ist, und das ist schon schwer, um dies dann offen zu kommunizieren.

## Zusammenfassung

Gewaltfreie, achtsame Kommunikation ist eine innere Haltung dem Leben gegenüber. Die Essenz ist eine Entscheidung für Achtsamkeit, Selbsteinfühlung im Sinne einer bewertungsfreien Beobachtung, was in mir lebendig ist und einer empathischen Grundhaltung meinen Mitmenschen gegenüber.

Die Thesen auf die wir bereit sein müssen uns einzulassen sind:
Ich habe die Verantwortung für meine Gefühle und hinter jedem Verhalten stehen Bedürfnisse, wie wir sie alle haben.

GFK kann auch eine tägliche spirituelle Praxis werden. Ich betrachte achtsam meinen Innenraum, das Außen und öffne mich für einen neu entstehenden Raum der Verbundenheit und Liebe.

## Ausblick

Wenn sie bis hierher dem Geschriebenen gefolgt sind, gibt es 3 Wege.

**Erstens,** sie finden dies stimmig und vergessen es wieder, weil es keine wirkliche Resonanz in Ihnen ausgelöst hat. In diesem Fall kann es an meinen Ausführungen liegen und ich empfehle Ihnen sich dem Thema noch einmal durch ein Buch von Rosenberg zu nähern.

**Zweitens,** sie sind im Widerstand dazu, aus verschiedenen Gründen. Auch hier würde ich Empfehlung 1 vorschlagen.

**Drittens,** wenn sie interessiert sind und glauben, dass dies ein neuer Weg für sie sein könnte, besuchen sie eines der vielen GFK Seminare und vor allem üben sie. Das kann man für sich machen oder in einer Übungsgruppe, wie sie in fast jeder größeren Stadt zu finden ist.

## Literatur

Rosenberg, Marshall B. [2010], Gewaltfreie Kommunikation. Eine Sprache des Lebens. Paderborn: Junfermann Verlag

Rosenberg, Marshall B. [2004], Konflikte lösen durch Gewaltfreie Kommunikation: Ein Gespräch mit Gabriele Seils. Freiburg im Breisgau: Herder Verlag

Rosenberg, Marshall B. [2009], Lebendige Spiritualität. Eine Zusammenstellung von Fragen an Marshall B. Rosenberg und seine Antworten. Paderborn: Junfermann Verlag

Rust, Serena [2006], Wenn die Giraffe mit dem Wolf tanzt: Vier Schritte zu einer einfühlsamen Kommunikation. Burgrain: Koha Verlag,

# Wolfgang Ehinger
# Kooperative Gesprächsführung in der Schule

## 1 Einleitung

Das wichtigste Medium für eine lebendige Kommunikation zwischen Elternhaus und Schule ist das persönliche Gespräch zwischen Eltern und Lehrern.

Das professionelle Lehrer-Eltern-Gespräch stellt sozusagen eine aus lebendigen Prozessen gestaltete Brücke zwischen diesen beiden Kontextvertretern dar über die verschiedene Inhalte transportiert werden können, wie z. B.:

- Rückmeldung der Lehrkraft an die Eltern über die allgemeine schulische Entwicklung ihres Kindes
- Rückmeldung der Eltern an die Lehrer, wie ihr Kind Unterricht und Klima an der Schule erlebt
- Rückmeldungen zwischen Eltern und Lehrern im Falle des Auftretens von Schulproblemen (z. B. Teilleistungsstörungen, Verhaltensschwierigkeiten, usw.)
- Versuche der Lehrerseite das Elternhaus beim Auftreten von Schulschwierigkeiten zur Kooperation zu gewinnen
- Beratungswünsche des Elternhauses an die unterrichtenden LehrerInnen, wie sie ihr Schulkind im häuslichen Bereich bzw. durch Fachkräfte unterstützen können
- Klärung und Lösung von Konflikten zwischen Elternhaus und Schule

Eine gelingende Kommunikation wird dabei von folgenden Elementen wesentlich beeinflusst, die in gegenseitiger Wechselbeziehung stehen:

- Das zentrale und wichtigste Element ist die Grundhaltung und das Menschenbild. Sie bilden das Fundament eines jeden Gesprächsverlaufs und betreffen die gesamte Persönlichkeit.
- Welche Einstellung besteht zu dem Gesprächspartner?
- Wie wird er gesehen?
- Welche persönliche Einstellung besteht bezüglich den Eltern, den Schülern, den auftretenden Schwierigkeiten, dem Beruf, der Welt?

Von der Haltung und der persönlichen Erfahrung und Weltsicht hängt es letztlich auch ab, wie belastend bestimmte Inhalte und Themen empfunden werden.

Die Grundhaltungen und Sichtweisen sind das Fundament der Kommunikation und bestimmen die konkreten Methoden und Techniken. Die Gesprächsmethodik muss zu dieser Grundhaltung passen, sonst wirkt sie unecht, nicht kongruent, aufgesetzt und beeinflusst negativ den Gesprächsprozess. Es geht jedoch darum, den eigenen Gesprächsstil und das eigene Repertoire zu erweitern. Dies gelingt letztendlich nur durch Erprobung und Einübung, möglichst in stressarmen Gesprächen und Übungseinheiten.

Der Rahmen und der Kontext, in dem ein Gespräch stattfindet, spielt ebenfalls eine wesentliche Rolle für den Verlauf der Begegnung. Gemeint sind die Verhältnisse, in denen die Gesprächspartner leben und arbeiten und in denen die Begegnung und das Gespräch stattfinden. Die bisher gelebte und erfahrene Beziehung der Gesprächspartner zueinander gehört hier selbstverständlich ebenfalls dazu.

All das beeinflusst den aktuellen Kontakt zwischen den Gesprächspartnern und beeinflusst ob das notwendige Vertrauen zum jeweiligen Gesprächspartner entsteht.
 Um dies zu erreichen und um die Gesprächsführung zu professionalisieren ist es permanent notwendig, die eigene Haltung zu hinterfragen und zu reflektieren, das eigene Gesprächsrepertoire zu erweitern und zu erproben.


## 2 Grundlagen und Grundhaltungen

In der professionellen Gesprächsführung müssen mehrere Komponenten berücksichtigt werden. Zum einen geht es um das Verstehen des Anderen, seiner Sicht- und Denkweise. Es geht dabei um Zuhören können, sich empathisch Einfühlen können, angemessene und geeignete Fragen zu stellen, nachzufragen, Gedanken wiederzugeben und Gefühle ansprechen zu können. Zum anderen ist es aber auch wichtig, das Gespräch zu leiten und zu strukturieren um zur konstruktiven Lösungserarbeitung zu kommen.

Dazu gehört auch, klar Stellung zu beziehen, Feedback zu geben, klar zu kommunizieren und bei Bedarf auch die Beziehung zum Gesprächspartner anzusprechen und zu klären.

## 2.1 Zentrale Grundhaltungen

In diesem Zusammenhang möchte ich den Vorrang der Haltungen vor den Verhaltensweisen (Techniken) betonen. Diese Grundhaltungen tragen wesentlich stärker zum Erfolg eines Elterngesprächs bei als die Gesprächstechniken.

Zentrales Ziel eines erfolgreichen Gesprächs ist, die Eltern zur Kooperation zu bewegen. Kooperation bedeutet, dass die Eltern im Rahmen einer vertrauensvollen Zusammenarbeit mit der Lehrkraft eigenverantwortlich und zielgerichtet passende Schritte unternehmen, die zur Lösung bzw. Verminderung (Deeskalation) der Schwierigkeiten beitragen.

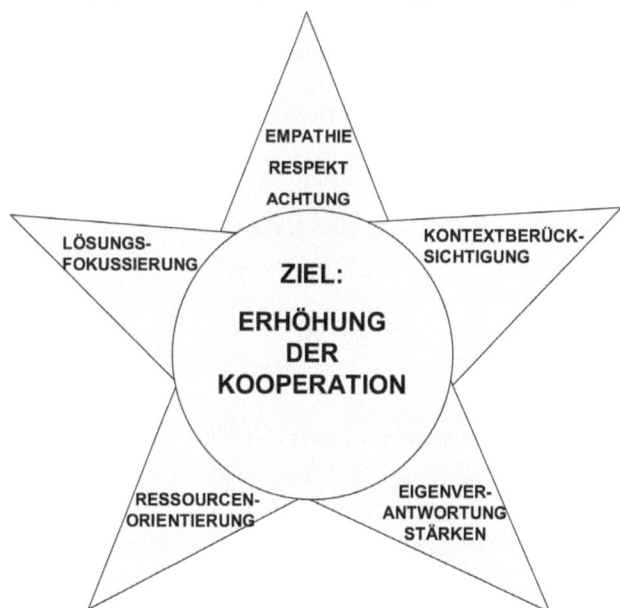

**Abb.1:** Die fünf Grundhaltungen, Hennig & Ehinger (2014)

Die in den Sternzacken symbolisierten Grundhaltungen und Sichtweisen, die in einer wechselseitigen Beziehung zueinander stehen und nicht isoliert betrachtet werden können, sind die Grundlagen ganz spezifischer Verhaltensweisen, Methoden und Techniken der Lehrkraft.

**Empathie:**

Dabei handelt es sich um das Einfühlungsvermögen der Lehrkraft in die subjektive Weltsicht der Eltern, die ihr Denken, Fühlen und Handeln bestimmt. Es geht um das Bemühen, die innere Wirklichkeitskonstruktion und Denk- und Fühlweise des Gegenübers nachzuvollziehen, innerlich vorübergehend seinen Standpunkt, seinen Blickwinkel einzunehmen, ohne dass dieser Standpunkt zu dem eigenen gemacht werden muss. Und, dass dieses Bemühen beim Gesprächspartner wahrgenommen wird.

Empathisches Verhalten drückt sich dabei nicht nur in Worten aus, sondern meistens auch in der nonverbalen „Sprache" wie zustimmendem Kopfnicken, in der Mimik und in Gesten.

**Die Berücksichtigung des Lebenskontextes:**

Lösungsversuche, die konstruiert werden ohne den aktuellen Lebenskontext mit einzubeziehen, scheitern zwangsläufig. Die Ziele und die einzelnen Lösungsschritte zur Erreichung dieser Ziele müssen auf ihre Realisierbarkeit überprüft werden. Der Lebenskontext ist auch oder vor allem bei ausländischen Familien zu berücksichtigen. Hier gilt es, die uns fremden kulturellen Normen und Werte zu respektieren, auch wenn sie nicht unsere Zustimmung und unser Wohlwollen finden.

Kontextberücksichtigung heißt auch, die eigene Rolle und die Beziehung zum Gesprächspartner zu reflektieren und zu klären.

**Die Betonung der Eigenverantwortlichkeit der Gesprächspartner:**

Es geht bei dieser Grundhaltung darum, die Eltern als gleichberechtigte Kommunikations- und Kooperationspartner*innen auf der Erwachsenenebene zu respektieren und zu behandeln. Jeder ist selbst verantwortlich für sein Denken, Fühlen und Handeln. Niemand kann den Eltern, und in altersangemessenem Maße auch den Jugendlichen und Kindern, die Entscheidung für ihr Tun abnehmen, und es ist wichtig, in dem Gespräch diese Eigenverantwortung herauszuarbeiten, zu benennen, zu betonen, zu fördern und einzufordern.

Für den Lernprozess hat nun jeder Beteiligte (Lehrkraft, Erzieher*in, Elternteil, Schüler*in) ihre bzw. seine spezifischen Anteile an Verantwortung.
Diese Anteile gilt es in gemeinsamen Gesprächen zu benennen, zu sortieren und abzustimmen.

### Ressourcenorientierung:

Hinter dieser Grundhaltung der Lehrerkraft verbirgt sich die Überzeugung, dass jeder Gesprächspartner neben all den Problemen, Defiziten und Schwächen auch Stärken, Ressourcen und positive Seiten besitzt.

Ohne diese Ressourcen wären die Betroffenen nicht in der Lage gewesen, vergangene Krisen und Problemsituationen zu bewältigen. Diese Ressourcen gilt es im Gespräch für aktuelle Problemsituationen zu mobilisieren und zu nutzen, frei nach der Devise: „Beim Schweizer Käse nicht auf die Löcher, sondern auf den Käse rings um die Löcher zu schauen."

Wer ein Problem hat, hat in den meisten Fällen auch die Ressourcen zur Lösung in sich. Sie werden oft nur nicht in den Kontexten genutzt, in denen sie gebraucht werden. Als zentrale Aufgabe des Elterngesprächs ergibt sich daraus, die Aufmerksamkeit auf diese Ressourcen, auf die Ausnahmen vom Problem, auf die Stärken zu lenken, so dass sie von den Betroffen wieder spontan und mühelos genutzt werden können.

### Lösungsfokussierung:

Wenn sich das Gespräch zu lange und zu intensiv mit dem Problem beschäftigt, besteht die Gefahr, dass die Beteiligten in eine „Problemtrance" fallen, einen hypnotischen Zustand, in dem sämtliche Energien und Aufmerksamkeit auf das Problem und nicht auf die Lösung fokussiert sind.

Eltern sind es (leider) häufig gewohnt, nur dann zum Lehrergespräch gerufen zu werden, wenn es Probleme gibt und sich dann Klagen und Negatives über ihr Kind anzuhören. Solche Fokussierungen lähmen jede Initiative und Handlung und erhöhen sogartig die Hilflosigkeit und Resignation bei Eltern wie Fachkräften.

Lösungsfokussierung bedeutet demgegenüber, im Gesprächsprozess darauf zu achten, dass nur so viel Zeit und Aufmerksamkeit auf das Problem verwendet wird, wie es unbedingt notwendig ist zur Konstruktion von Lösungsschritten – aber auch nicht länger.
Dabei ist es selbstverständlich nicht die Aufgabe von Lehr- und Fachkräften,

für die Eltern „fertige" Lösungen zu produzieren, sondern gemeinsam mit ihnen Lösungsperspektiven zu erarbeiten und erste Schritte in Richtung Problemreduzierung vorzubereiten.

Dazu gehört auch, das Lösungsinteresse der Betroffenen hervorzuheben und ihre bisherigen Lösungsversuche zu würdigen und positiv zu bewerten. Es erscheint zunächst banal, dies auch noch extra betonen zu müssen.

Doch gerade diese Betonung von etwas Selbstverständlichem bedeutet eine Wertschätzung der bisherigen Lösungsversuche und betont gleichzeitig den kleinsten gemeinsamen Nenner zwischen den Gesprächspartnern, nämlich das gemeinsame Interesse an einer Lösungsfindung. Ferner sind frühere Lösungsversuche des Problems schon deshalb von Interesse, weil wir uns durch die Kenntnis und die Bewertung (Erfolg/Misserfolg) früherer Lösungsversuche untaugliche zukünftige Problemlösungen ersparen können.

Bisherige misslungene Lösungsversuche geben uns Hinweise darauf, was wir nicht tun sollten.

## 2.2 Kontakt und Kommunikation – die vier Seiten einer Nachricht

In der menschlichen Kommunikation lehrt uns die Erfahrung, wie störungsanfällig das Miteinander-Reden ist. Missverständnisse und Verständigungsschwierigkeiten führen dabei nicht selten zu Verstimmungen und Konflikten. Bei gelungener Kommunikation geht es also nicht nur um deutliche Aussprache und genaues Hinhören, sondern auch um Verstehen, um Klarheit, um Stimmigkeit. In ein und derselben Aussage können wir unterschiedliche Aspekte transportieren und wir hören nur (heraus), was wir hören wollen.

Das in Abb.2 beschriebene psychologische Modell der zwischenmenschlichen Kommunikation ist eine Adaption des "Vier-Ohren-Modells" von Friedemann Schulz von Thun (2010). Eine Aussage, die in einem Gespräch geäußert wird, hat dabei vier Aspekte bzw. Dimensionen, sowohl auf Seiten des Senders als auch auf Seiten des Empfängers. Bildhaft gesprochen kann man daher auch von dem „vier-mündigen Sender" und dem „vier-ohrigen Empfänger" sprechen.

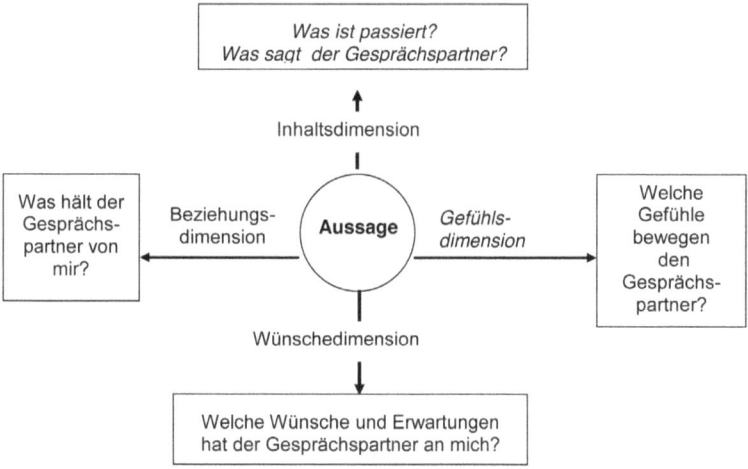

**Abb.2:** Die 4 Dimensionen einer Aussage nach Schulz v. Thun (2010)

### Die Inhaltsdimension:

Menschen mit einseitiger Ausrichtung auf diese Dimension hören nur die Sachinformation, reagieren nur auf den Sachinhalt einer Nachricht, suchen die Auseinandersetzung auf der Sachebene. Die Schwingungen der Tonlage, Lautstärke, Gestik, Mimik usw., die auf die anderen Dimensionen hinweisen, werden nicht wahrgenommen.

### Die Gefühlsdimension:

Wahrgenommen wird das Gefühl, der Gemütszustand, das der Aussage zugrunde liegt. Es sind die zahlreichen nonverbalen Signale, auf die sensibel reagiert wird, wie Tonfall, Lautstärke, Melodie der Stimme, Mimik, Gestik, Haltung usw.

### Die Wünschedimension:

Menschen mit übergroßem Ohr für diese Dimension hören in erster Linie die Erwartungen der Gesprächspartner heraus und wollen es ihnen möglichst recht machen, d.h., diese Erwartungen erfüllen. Sie vergessen dabei leider oft ihre eigenen Bedürfnisse und andere notwendige und professionelle Reaktionen. Es fällt ihnen schwer, sich abzugrenzen und sie laufen ständig Gefahr, ausgenützt zu werden.

**Die Beziehungsdimension:**

Menschen mit großem Beziehungs-Ohr beziehen sofort alles auf sich, nehmen alles persönlich, fühlen sich sofort angegriffen. Sie gehen entweder in eine offensive Verteidigung, sprich Angriff, über oder ziehen sich beleidigt zurück.

Die hierarchische Struktur der Beziehung (formale Beziehung) spielt hier ebenso eine Rolle wie die zwischenmenschliche (informelle) Beziehung. Unklare Strukturen bzw. Beziehungen erschweren dabei die Kommunikation.

Dieses Modell ist nützlich und hilfreich um in Gesprächssituationen Klarheit zu gewinnen. Es hilft einerseits, (als Sender einer Botschaft) *„nur mit einem Mund zu reden"*, d.h., eindeutige und klare Aussagen zu treffen. Andererseits ist es hilfreich, als Empfänger mit *„offenen Ohren"* Gesagtes und Gehörtes zu verstehen bzw. durch Nachfragen zu klären.

Als Sprecher ("Sender") stellt sich für mich die Frage:
- Wie eindeutig und klar ist meine Botschaft?
- Wie übereinstimmend ist das, was ich sage, mit dem, was ich denke und fühle? (Frage der Kongruenz)
- Steht für mich eine Sachinformation, eine Beziehungsaussage, eine Gefühlsmitteilung oder ein Wunsch an den Gesprächspartner im Vordergrund und habe ich dies auch deutlich zum Ausdruck gebracht? (z. B. *„ich sage dir....."*, *„Ich denke über dich....."*, *„Ich fühle mich....."* bzw. *"Ich will von dir....."*)

Als Angesprochener ("Empfänger") kann ich mich fragen:
- Welche Dimension(en) der an mich gerichteten Aussage meines Gesprächspartners nehme ich besonders stark wahr?
- Welche Gedanken, Gefühle, Handlungsimpulse lösen die wahrgenommenen Dimensionen bei mir aus?
- Welche Dimension(en) werde ich wohl am ehesten ansprechen?
- Durch welche Frage erfahre ich, ob das, was ich heraushöre, auch so gemeint war?
- Durch welche Nachfrage kann ich meinen Gesprächspartner dazu bringen, eine klare Aussage zu machen?

## 3. Methoden der Gesprächsführung

Im Elterngespräch geht es zum einen darum, den bzw. die Gesprächspartner zu verstehen und seine bzw. ihre Sicht der Dinge kennen zu lernen. Dies kann z. B. erreicht werden durch (nonverbales oder aktives) Zuhören, durch geeignetes Nachfragen, durch Rückmelden, was man gehört und verstanden hat. Zum anderen geht es auch um die Leitung des Gesprächs durch Strukturierung und Lenkung, durch Hinführung zu Zielen und Lösungen, durch klare Stellungnahme und mitunter durch Klärung der Beziehung zum Gesprächspartner. Welche Gesprächsmethode nun auf der Basis der oben beschriebenen Grundhaltungen jeweils zum Einsatz kommt hängt von mehreren Faktoren ab, z. B. von:

• der Beziehung der Gesprächspartner untereinander
• dem Gesprächsthema und Gesprächsinhalt
• den Zielen der Gesprächspartner
• der Phase, in der sich das Gespräch befindet

Es kann an dieser Stelle nicht auf das gesamte breite Spektrum der Gesprächsmethoden eingegangen werden. Verwiesen sei auf die entsprechende Literatur. (z. B. Hennig & Ehinger, 2014)

## 3.1 Aktivität und Lenkung im Elterngespräch

In der Literatur spricht man von der Strategie des „Pacing and Leading", vom „Angleichen und Lenken" bzw. „Mitschwingen und Führen".

Das erstere ist notwendig, um empathisch mitfühlen zu können, den Anderen zu verstehen, ihn da abzuholen, wo er steht. Lenkung ist angebracht, um ein Ziel, eine Lösung anzusteuern. In einem guten Gespräch wird immer eine Balance von Angleichen und Lenkung verlangt. Wenn ich zu früh oder zu stark lenke oder zu schnell bin, besteht die Gefahr, dass mein Gesprächspartner „auf der Strecke bleibt". Er muss die Möglichkeit haben, die Richtung mitzubestimmen und das Gespräch in seinem Tempo mitzugestalten.

| Wenig Aktivität und Lenkung | Gesprächsverhalten | | Hohe Aktivität und Lenkung |
|---|---|---|---|
| Nonverbales Zuhören | Aktives Zuhören | Offene W-Fragen stellen | Vorschläge, Ratschläge, Anweisungen erteilen |

**Abb.3** Aktivität und Lenkung im Elterngespräch

Die Abbildung gibt einen Überblick über unterschiedliche mögliche Gesprächsstrategien und ihren Grad des Zuhörens bzw. der Lenkung in einem Elterngespräch. Je nach Phase und Notwendigkeit zur Strukturierung können sie steuernd eingesetzt werden.

### Nonverbales Zuhören:

Dies beinhaltet u.a. Blickkontakt, Kopfnicken, Lächeln, zugewandte Körperhaltung. Die nonverbalen Signale zeigen dem Gesprächspartner, dass die Bereitschaft und Aufmerksamkeit vorhanden ist, zuzuhören und zu verstehen.

### Aktives Zuhören:

Die Aussagen des Gesprächspartners werden mit eigenen Worten wiedergegeben („*Verstehe ich Sie richtig, dass ....*'). Zudem werden wahrgenommene aber unklar geäußerte Gefühle, Wünsche, Befürchtungen usw. angesprochen bzw. nachgefragt, um sie deutlicher zum Ausdruck zu bringen. („*Sie haben das Gefühl, dass...?*" „*Sie sind* (z. B. verärgert, traurig, glücklich, enttäuscht, usw.)

Das aktive Zuhören dient zur Klärung der Bedeutung einer Aussage, wenn z. B. Irritationen aufgrund doppeldeutiger oder unklarer Aussagen entstanden sind. Der Lehrer bzw. die Lehrerin kann damit überprüfen, ob seine/ihre Wahrnehmung und Interpretation der Elternaussage richtig ist.

### Offene und konstruktive W-Fragen stellen:

Im Elterngespräch dienen Fragen nicht nur dazu, Informationen zu erhalten, sondern sind eines der wirksamsten Mittel, um:

• die Aufmerksamkeit der Eltern in bestimmte, vom Lehrer als nützlich erachtete Richtungen (zum Beispiel auf Ressourcen und/oder Lösungen) zu lenken

- bei den Eltern konstruktive Suchprozesse zu fördern bzw. auszulösen
- Informationen zu vermitteln

Konstruktive „W-Fragen" fördern diese inneren Suchprozesse. Sie werden so genannt, weil sie mit einem „W" beginnen – Wo, Wer, Wie, Was, Woran, Welche usw., – allein das Fragewort „Warum" sollte vermieden werden, da es in der Regel keine Informationen erbringt und oft Schuldgefühle auslöst. Vorschläge, Ratschläge, Anweisungen erteilen:
Ratschläge beinhalten meist klare Vorgaben über "Richtig" bzw. "Falsch". Die Eltern werden symbolisch an die Hand genommen und geführt, die Lehrkraft gibt eindeutig die Richtung und die Lösungen an. Im normalen kooperativen Elterngespräch ist diese Methode in der Regel fehl am Platz.

Sinnvoll allenfalls im Gespräch mit kleinen Kindern oder dann, wenn Eltern eindeutig nicht in der Lage sind, selbst Verantwortung zu übernehmen. Auf diesem Kontinuum von vier ausgewählten Gesprächsstrategien gibt es natürlich noch zahlreiche Varianten und Methoden.

## 3.2 Rückmeldung geben und annehmen

Rückmeldung und Feedbackgeben sind zentrale Elemente der Kommunikation. Zum einen ist es regelmäßig wichtig, den Eltern Rückmeldung zu geben über den Entwicklungsstand, die Leistung oder das Verhalten des Kindes.

Andererseits benötigt die Lehrkraft die Rückmeldung der Eltern, ihre Sichtweise und familiäre Faktoren, um sie im Umgang mit dem Kind zu berücksichtigen. Auf der Grundlage dieser Sichtweisen können dann gemeinsame Ziele und Lösungsschritte formuliert und Vereinbarungen getroffen werden.

Einige nützliche Hinweise dazu: (vergleiche auch Prior, 2012)
- Beschreiben anstatt Zuschreiben, d.h., die Schwierigkeiten, die Anlass zur Besorgnis geben, auf der Verhaltensebene beschreiben. Nicht werten! Sich dabei auf konkrete Beobachtungen, nicht auf Interpretationen oder Spekulationen stützen.
- Hinzufügen des Wörtchens „noch" bei den Beschreibungen. („Er hat noch nicht gelernt, sich an alle Regeln zu halten." „Er hat noch Schwierigkeiten, die Rechtschreibregeln anzuwenden.") Durch das Wörtchen „noch" wird die zukünftige Möglichkeit offen gelassen, dass er es

lernen kann, dass er nicht abgeschrieben ist, dass Hoffnung besteht. Es ist oft erstaunlich wie positiv dieses Wörtchen die Kooperationsbereitschaft der Eltern beeinflusst.

- Verwenden von ICH-Botschaften
  (*„Ich mache mir Sorgen um Paul.“ „Ich ärgere mich,)*
- Eltern aktiv mit einbeziehen und in ihrer Verantwortlichkeit ansprechen.
- konkrete Beispiele und praktisches Anschauungsmaterial (Schülerarbeiten) bereithalten.
- Benennen von Fakten, keine Gerüchte oder Spekulationen weitergeben.
- klare Aussagen treffen und Stellung beziehen.
- in der (Alltags-)Sprache der Eltern und der Kinder sprechen.

## 3.3 Erwartungen klären

Elternhaus wie Schule haben gleichermaßen einen Erziehungsauftrag.
Da bleibt es nicht aus, dass sich Verantwortungen überschneiden.
Zum Wohle des Kindes ist es daher notwendig, dass Elternhaus und Schule um einen höchstmöglichen Konsens ringen und die gegenseitigen Erwartungen abklären.

## 3.4 Konflikte bearbeiten und lösen

Aufgrund der unterschiedlichen Sichtweisen, Zielvorstellungen und der Überschneidung von Verantwortungen bleibt es nicht aus, dass es zwischen Eltern und Lehrkräften bzw. Erzieher*innen zu Auseinandersetzungen kommt.

In den meisten Fällen sind die Konfliktparteien darauf aus, die „andere Seite" mit Argumenten von der Richtigkeit der eigenen Sichtweise zu überzeugen, es kommt zum „Schlagabtausch" mit wechselseitigen Beschuldigungen und Schuldzuweisungen. Es geht um Sieg oder Niederlage, andere Sichtweisen werden als Kränkung, Verletzung und Beleidigung wahrgenommen.

Nachgeben und Kompromisse werden zwangsläufig als negativ bewertet, als Niederlage, als Schwäche. Kampf ist angesagt, bis hin zu Beschwerden oder gar Gerichtsverfahren.

Beide Konfliktparteien reagieren manchmal aber auch mit Vermeidung von Gesprächen, mit Rückzug bzw. Flucht. Eltern sind verunsichert, haben Angst, dass das Kind darunter leiden muss, wenn sie bestimmte Dinge zur Sprache bringen. Lehrkräfte sind verunsichert, weil sie dem Kind nicht mehr unbefangen gegenübertreten können, aus Angst, die Eltern wieder gegen sich aufzubringen. So wird der Konflikt entweder totgeschwiegen oder mit überzogenen Mitteln in Kämpfen gesteigert, Leidtragende sind allemal die Kinder, die beiden Systemen angehören.

Das Kooperative Konfliktgespräch versucht demgegenüber, eine von allen Konfliktparteien akzeptierte Lösung zu finden bzw. gemeinsam systematisch zu erarbeiten. Die bereits dargestellten Grundhaltungen gelten natürlich auch für die Durchführung von Konfliktgesprächen, insbesondere soll aber noch auf folgende kooperative Verhaltensweisen bzw. Anregungen verweisen:
• Wille und Bereitschaft zur Kooperation
• Respekt vor dem Anderen und Achtung vor der Person
• Auseinandersetzung in der Sache
• Zuhören
• zur Sprache bringen
• nach Echtheit streben
• klare Stellung beziehen
• Kompromissbereitschaft zeigen
• Umgang mit der eigenen Verletzlichkeit
• Klärung gegenseitiger Erwartungen
• Bemühungen um Übereinstimmung in Fragen der Leistungsanforderung, Grenzziehung, Verantwortung und Pädagogischen Ziele

## 4. Struktur und Durchführung eines Elterngesprächs

### 4.1 Vorkontakte und Vorerfahrungen

Das Elterngespräch beginnt nicht erst mit dem Eintreten der Eltern ins Elternsprechzimmer, sondern bereits mit den Vorerfahrungen und Vorkontakten, die vor dem anberaumten Gesprächstermin bereits stattgefunden haben.

Waren diese Kontakte eher angenehm und konstruktiv oder verliefen sie spannungsgeladen, konfliktreich und destruktiv?

Je nach Verlauf dieser Vorkontakte kommen die Eltern mit einer eher negativ oder positiv gefärbten Erwartungshaltung ins Eltern-Lehrer-Gespräch.

Als wichtige Grundregel kann festgehalten werden: Je konflikthafter und spannungsgeladener die Eltern-Lehrer-Beziehung aufgrund der Vorkontakte ist, desto gründlicher sollten Sie sich als Lehrer*in auf das Elterngespräch vorbereiten.

Ein weiterer kritischer Punkt ist die Art und Weise, wie das Elterngespräch zustande kam, denn sie entscheidet darüber, in welchem Motivationszustand die Eltern ins Gespräch gehen. In Anlehnung an de Shazer (1989) lassen sich vier Motivationszustände unterscheiden, mit denen Eltern ins Gespräch mit Lehrer*innen gehen:

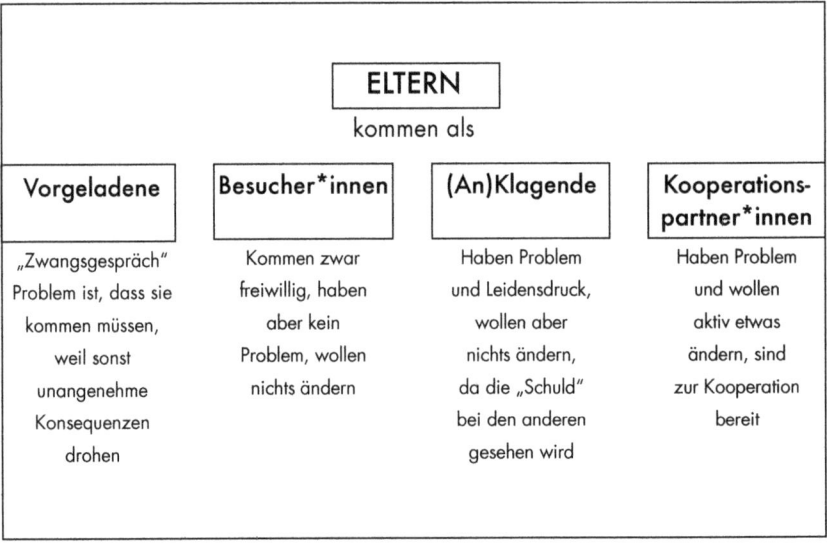

**Abb. 4**  Motivationszustände, in Anlehnung an de Shazer (1989)

Dabei ist zu beachten, dass es sich um eine Beschreibung der Beziehung zwischen den Gesprächspartnern handelt und nicht um Charakterzüge der Personen.

Wichtig erscheint mir in diesem Zusammenhang, dass in der telefonischen, persönlichen oder schriftlichen Einladung klar zum Ausdruck kommt, dass...

- der Anlass und das Ziel des Gesprächs das Wohl des Schülers im Blick haben
- in erster Linie die Eltern und erst in zweiter Linie die Lehrperson eine hohe Motivation am psychischen Wohlergehen und am Schulerfolg des Schülers haben sollten
- es um die Kooperation zweier „Experten-Systeme" geht, nämlich dem elterlichen Expertensystem, das wie kein anderes den Jugendlichen kennt und Einfluss auf sie/ihn hat und dem Lehrerexperten-System, das den Schüler in seinem Sozial- und Leistungsverhalten im schulischen Kontext einschätzen kann
- zwischen diesen beiden Experten-Systemen eine klare Verantwortungsteilung besteht, eine Grenze, die von keiner Seite verletzt werden sollte
- den Eltern der Gesprächstermin mindestens so wichtig, wie der Lehrperson sein sollte

## 4.2 Vorbereitung eines Elterngespräch

Eine gute Vorbereitung erleichtert das Gespräch und wird umso notwendiger, je schwieriger das Gespräch assoziiert wird.

Ein flexibles Eingehen auf die jeweiligen Prozesse im Gespräch und die Wirklichkeitskonstruktion der Eltern steht immer an erster Stelle.

Eine Gesprächsvorbereitung und eine klare Gesprächsstruktur können die Sicherheit der Lehrperson und die Effektivität des Gesprächs erheblich erhöhen. Unklare Strukturen führen zu unklarer Kommunikation.

Eine effektive Gesprächsvorbereitung sollte sich daher mit folgenden Punkten befassen:

### Gesprächsanlass

Zunächst müssen wir uns sehr genau die Frage stellen, wer hier eigentlich ein Problem hat. Hat die Lehrkraft ein Problem, weil z. B. der Schüler den Unterricht stört und die Eltern sehen gar kein Problem, da sich der Schüler zuhause unauffällig verhält? Dann besteht die Gefahr, dass die Lehrkraft etwas von den Eltern will und diese kommen als „Vorgeladene" oder als „Besucher" in die Schule. Sie sehen dann eventuell gar keinen Anlass für ein Eltern-Lehrer-Gespräch. Sehen die Eltern jedoch ein Problem, die Ursachen dafür aber ausschließlich außerhalb der eigenen Familie, dann kommen sie in der Regel als (An)Klagende. Schuldzuweisungen sind die Folge.

Als Kooperationspartner zur Lösung des Problems stehen sie nur dann zur Verfügung, wenn Sie bereits eigene Anteile und Einflüsse sehen und akzeptieren können.

Weitere Vorüberlegungen in diesem Zusammenhang:

- Wird der Gesprächsanlass/das Problem eher bagatellisiert oder dramatisiert?
- Handelt es sich vermutlich um ein eher „lösbares" oder eher „unlösbares" Problem? (Z. B. der Schüler mit einer unterdurchschnittlichen Begabung soll überdurchschnittliche Schulleistungen erbringen) Geht es also eher um die Lösung eines Problems oder die Lösung vom Problem? (z. B. der Schüler wechselt in eine andere Schulart, die Eltern reduzieren ihre überhöhte Erwartungshaltung usw.).
- Wenn die Eltern eine Gesprächsanlass bzw. ein Problem nennen: handelt es sich vermutlich tatsächlich um dieses Problem oder ist das genannte Problem nur ein Vorwand (eine „Eintrittskarte") über ein anderes Thema sprechen zu können? Wollen die Eltern eigentlich mein Unterrichtsverhalten kritisieren? Will mir die Mutter eigentlich über das massive Alkoholproblem ihres Mannes ihr Herz ausschütten?
- Wie kam die Terminvereinbarung zustande? Wurden die Eltern eingeladen? Sind die Eltern auf die Schule zugekommen? Oder findet das Gespräch auf Betreiben Dritter (z. B. Schulleiter) statt?

**Ideen zur Entstehung der Schwierigkeiten bzw. des Konfliktes**

Im Gespräch kann mit Hilfe entsprechender Methoden und Fragen herausgearbeitet werden, welche konkreten Faktoren bekannt sind, die zu den Schwierigkeiten beigetragen haben bzw. diese beeinflussen. (aus dem schulischen Kontext, dem familiären Bereich, den individuellen Voraussetzungen des Schülers). Handelt es sich um eigene Beobachtungen, um Schilderungen von Kolleg*innen, um Informationen aus früheren Gesprächen?

Was kann und soll im Gespräch noch erfragt werden? Anschließend kann analysiert werden, wer welche belastenden Faktoren beeinflussen und verändern könnte, und welche Faktoren auch in Zukunft bestehen bleiben werden und ausgehalten werden müssen.

## Gesprächsthemen

Hier geht es um die Vorüberlegungen, welche Themen angesprochen werden sollten und welche vermutlich von den Eltern zur Sprache gebracht werden. Stehen eher Leistungs-, eher Verhaltensprobleme oder eine Kombination von beidem im Vordergrund?
- Welche bekannten Stärken hat der Schüler?
- Welche Informationen sollen ins Gespräch eingebracht werden? (z. B. Lernverhalten oder Sozialverhalten des Schülers in der Schule).
- Was sollte noch von den Eltern erfragt werden? (z. B. häusliches Lernverhalten, Kontakte zu Gleichaltrigen usw.).
- Welche Themenbereiche könnten möglicherweise mit einem Tabu belegt sein, wie z. B. Alkoholprobleme eines Elternteils, drohende Trennung/Scheidung und wie soll mit diesen Tabuthemen umgegangen werden? (z. B. selber ansprechen, ausklammern, die Eltern dazu bringen, die Tabus anzusprechen).

## Ziele für das Elterngespräch

Was könnte konkret als mögliches Ergebnis am Ende des Elterngesprächs stehen, damit sowohl die Lehrkraft als auch die Eltern zufrieden aus dem Gespräch herausgehen.

## Vermutete Ziele und Erwartungen der Eltern

Hier geht es um die Frage, welche Ziele und Erwartungen die Eltern schon offen geäußert haben, welche sie vermutlich noch haben könnten und welche möglichen versteckten Ziele hinter den offen geäußerten liegen könnten.

Ebenso ist die Frage wichtig, inwieweit die Gesprächsziele der Lehrkraft mit denen der Eltern übereinstimmen und wie bei einer Nichtübereinstimmung im Verlaufe des Gesprächs der größte gemeinsame „Nenner" erreicht werden kann.

## Befindlichkeit

Der Erfolg eines Elterngesprächs wird unter anderem auch dadurch bestimmt, in welchem Gefühlszustand die Lehrkraft das Gespräch beginnt:

- Überwiegt das Gefühl der Gelassenheit, der Zuversicht, des Selbstvertrauens oder nagen Ängste und Zweifel?
- Wird ein kooperatives oder konfliktreiches Gespräch erwartet?
- Wird es eher sachlich oder emotional verlaufen?
- Welche inneren und äußeren Stützfaktoren werden benötigt, um evtl. bestehende negative Gefühlszustände zu verringern?
- Wie sollte der Raum, die Sitzgelegenheiten, die Zeit usw. so einrichtet werden, dass sich alle Gesprächsbeteiligten wohlfühlen?
- Wie kann man sich vor dem Gespräch in einen positiven Gefühlszustand versetzen?

Unter Umständen kann es sehr hilfreich sein, diese Situation mit einer Kollegin, einem Kollegen oder in einer Lehrersupervisionsgruppe im Rollenspiel durchzuspielen und Verhaltensalternativen auszuprobieren.

**Auswahl der Gesprächsteilnehmer**
Der Verlauf eines Elterngesprächs wird nicht zuletzt dadurch bestimmt, wer am Gespräch teilnimmt und wer nicht:

- Wird zur „Verstärkung" ein Kollege, eine Kollegin oder gar die Schulleitung gebraucht?
- Soll das Gespräch mit beiden Elternteilen geführt werden?
- Soll das Kind beteiligt werden?

Wenn die Gefahr der Eskalation besteht, weil aufgrund eines bestehenden (heißen) Konfliktes die Emotionen nur schwer unter Kontrolle gehalten werden können, so empfiehlt sich das Hinzuziehen eines neutralen Gesprächsmoderators, der von beiden Seiten akzeptiert werden muss (Schulleitung, Beratungslehrkraft, außerschulische Person).

**Äußere Rahmenbedingen**
In der Gastgeberrolle sollte dafür gesorgt werden, dass das Elterngespräch in einem ansprechenden Raum stattfindet, in dem die Gesprächsteilnehmer weder durch Telefonate noch durch hereinkommende Personen gestört werden können. Es müsste mittlerweile zum selbstverständlichen Standard jeder Schule gehören, über ein sogenanntes Eltern-Besprechungszimmer zu verfügen.

Außerdem sollte eine klare zeitliche Struktur vereinbart werden. In der Regel bringen sogenannte „Open-End-Gespräche", die sich über zwei oder mehr

Stunden hinziehen, außer Migräne und Erschöpfungszuständen für die Beteiligen selten den gewünschten Erfolg. Als sinnvoll hat sich ein Gesprächsrahmen von ca. 45 Minuten herausgestellt (also die Dauer einer Schulstunde) der gleich zu Beginn des Gesprächs den Eltern gegenüber klar benannt werden sollte.

**Mentale und emotionale Vorbereitung auf ein Gespräch:**
Wenn erwartet oder befürchtet wird, dass das geplante Eltern-Lehrer-Gespräch sehr schwierig oder konfliktbeladen sein wird, empfehle ich zusätzlich noch folgende Möglichkeiten der Vorbereitung:
- den erfolgreichen Gesprächsverlauf innerlich mental vorwegnehmen. Versetzen Sie sich dazu in einen entspannten oder meditativen Zustand und spielen Sie die einzelnen Schritte zur Erreichung Ihrer Ziele in der Vorstellung durch.
- Gespräche mit Kolleg*innen und/oder Freund*innen. Besprechen und diskutieren Sie die einzelnen Schritte und lassen Sie sich Rückmeldung geben.
- Rollenspiele mit Kolleg*innen und/oder Freund*innen. Spielen Sie die Gespräche mit verteilten Rollen durch und lassen Sie sich Rückmeldung über ihr Gesprächsverhalten geben.

**Einladung zum Gespräch:**
Hilfsreiche Kriterien für eine Einladung zu einem kooperativen Elterngespräch:
- sie sollte eindeutig als Einladung und nicht als Vorladung empfunden werden
- Anlass des Gesprächs klar benennen
- im Konfliktfall Kompromissbereitschaft signalisieren
- Interesse an gemeinsamer Lösung zum Wohle des Kindes betonen
- wertschätzende Sprache
- eigene Betroffenheit verdeutlichen
- Orientierung an den Grundhaltungen

## 4.3 Durchführung eines kooperativen Elterngesprächs

Eine Checkliste über den geplanten Verlauf kann während des Gesprächs sehr hilfreich sein, um die zeitliche Struktur einzuhalten und zu einem (vorläufigen) Abschluss zu kommen.

## Begrüßung/ Kontakt

In der Regel finden die Elterngespräche in der Schule statt, d.h., der Lehrer bzw. die Lehrerin ist in der Gastgeberrolle und somit verantwortlich für die räumlichen Bedingungen, die wiederum die Atmosphäre und somit den Gesprächsverlauf beeinflussen. Einige technische Vorbereitungen sind daher lohnend, um eine gemütliche und angenehme Raumatmosphäre zu ermöglichen.

Mit der Begrüßung ist es wichtig, den Kontakt zu den Eltern aufzunehmen. Fallen Sie nicht gleich mit der Tür ins Haus, sondern wechseln Sie zunächst einige belanglose Worte mit den Eltern, achten Sie aber darauf, dass Sie mit beiden Elternteilen Kontakt aufnehmen.

Wenn Sie die Eltern zum ersten Mal sehen, können Sie ihrer Freude darüber Ausdruck verleihen, sie kennen zu lernen. Zeigen Sie Interesse an Beruf, anderen Familienmitgliedern, dem neugebauten Haus, dem früheren Wohnort, wie sich die Familie in der neuen Umgebung eingelebt hat, an allem, was sich momentan anbietet und geeignet ist, das Vertrauen herzustellen und eine unsichtbare Brücke zu bauen.

Es geht schlichtweg um ein Anwärmen, um ein Kennenlernen, um Herstellung eines tragfähigen Kontaktes für das kommende Gespräch

## Eröffnung / Information über Struktur und Verlauf

Auch wenn die Eltern sinnvollerweise bereits mit der Einladung darüber informiert wurden, ist es angebracht, den Gesprächsanlass und mögliche Anliegen nochmals zu formulieren und zu klären. Dabei ist auch nochmals anzusprechen, von wem das Gespräch initiiert wurde. War es Elternwunsch oder haben Sie als Lehrer*in ein Anliegen? Oder kam das Gespräch gar auf Wunsch eines Dritten zustande? Wer hat das Problem?

Wenn Sie als Lehrkraft das Gespräch initiiert haben, sollten Sie dies als ICH-Botschaft auch deutlich machen. („Mir ist es wichtig, dass…")

Die Beschreibung eines Problems bzw. einer Schwierigkeiten sollte konkret auf der Verhaltensebene erfolgen, ohne Interpretationen und Wertungen.

Die Erwartungen und Ziele des Gesprächs sollten kurz angesprochen werden.

Die Zeitstruktur sollte bekannt gegeben bzw. vereinbart werden (z. B. 45 Minuten). Open-End-Gespräche sind nervenaufreibend und führen zu keinen besseren Ergebnissen. Bei Bedarf ist es sinnvoller, einen weiteren Termin zu vereinbaren. Ebenso ist es sinnvoll kurz über die Verlaufsstruktur zu informieren bzw. diese mit den Eltern abklären. Eventuell kann es sinnvoll sein, Alternativen anzubieten und Miniverträge zu schließen.

Je nach Ausgangslage und den Bedingungen, die zu dem Gespräch führten, kann die „Motivationsarbeit" viel Zeit und Energie in Anspruch nehmen. Sie können auf der anderen Seite noch nicht mit der Erarbeitung von Lösungen beginnen, wenn die Eltern noch nicht kooperationsbereit sind.

Wichtig: Kooperationsbereitschaft und Lösungsinteresse der Eltern nie in Frage stellen. Eltern als die Hauptverantwortlichen ansprechen und behandeln. Dies gelingt besser, wenn Sie die Gemeinsamkeit hervorheben, dass nämlich alle Interesse am Kind haben und dass es dem Kind in der Schule gut geht. Die Eltern sind die Experten für ihre Kinder.

Bei vermuteten unterschiedlichen Sichtweisen, bei erwarteten Vorwürfen und Angriffen an ein faires und respektvollen Umgehen miteinander appellieren (bzw. es voraussetzen). Denken Sie daran. Hinter jedem Vorwurf, den die Eltern eventuell an Sie richten, steckt ein Wunsch, eine Erwartung. Anstatt sich gegen diesen Vorwurf zu wehren ist es oft nützlicher, nachzuforschen und nachzufragen, welche Wünsche und Erwartungen die Eltern an Sie haben. Nur wenn Sie diese Wünsche und Erwartungen kennen, können Sie dazu Stellung nehmen, darauf eingehen oder sie ablehnen.

### IST-Zustand beschreiben und analysieren

In dieser Phase geht es einerseits darum, die Sichtweise, die Wirklichkeitskonstruktionen der Eltern kennen zu lernen, andererseits aber auch darum, den Eltern Rückmeldung zu geben, wie Sie als Lehrkraft das Kind erleben und sehen.

Ob die Eltern zunächst ihre Sichtweise schildern oder Sie als Lehrkraft beginnen hängt in der Regel davon ab, auf wessen Wunsch das Gespräch zustande kam und was der Anlass dazu war.

Auf der Basis der Grundhaltungen kommen hier hauptsächlich die Gesprächsmethoden „Aktives Zuhören" und „W-Fragen stellen" zur Anwendung. Das empathische „Mitgehen", Interesse und Verständnis zeigen und (Blick)-Kontakt halten sind in dieser Phase das nützlichste Vorgehen.

Ihre Sichtweise und Beobachtungen als Lehrkraft können anhand von mitgebrachten Unterrichtsprodukten des Kindes oder Beobachtungsbögen verdeutlicht werden. (Leistungsbild, Lern- und Arbeitsverhalten, usw.) Achten Sie dabei auf Beschreibungen auf der konkreten Verhaltensebene und vermeiden Sie Zuschreibungen und Etikettierungen.

Oft entsteht der Eindruck, dass das Problemverhalten gleichbleibend sei. In der Realität gibt es aber ständige Schwankungen, mal klappt es besser, mal schlechter. Fragen nach Ausnahmen von Problem sind konstruktiv und lenken den Blick auf die Ressourcen. Die Fragen nach den Ausnahmen und Ressourcen geben wichtige Hinweise auf die Fähigkeiten der Beteiligten und sind somit wertvolle Grundlagen für die Lösungen.

Die Frage nach dem Freizeitverhalten, nach den Hobbies, ist ein wichtiger Schritt, um zu vermeiden, dass die Beteiligten am Problem „kleben". Gerade die sportlichen Aktivitäten, Engagement im außerschulischen Bereich, usw. bieten diesbezüglich oft eine Fundgrube, und oft werden diese außerschulischen Fähigkeiten zu wenig beachtet und gewürdigt.

In dieser Phase geht es also um einen Austausch über die einzelnen Sichtweisen und Standpunkte. Gemeinsamkeiten können anschließend herausgearbeitet werden, die Unterschiede werden benannt, sie werden vorerst mal „stehen gelassen".

### Ziele definieren

Wer will Was Wie und bis Wann erreichen? Durch gezieltes Nachfragen lassen sich präzise Zielbeschreibungen auf der Verhaltensebene formulieren.

In der Regel lässt sich auf kooperativem Wege rasch eine Einigung über das Ziel erreichen und die Erwartungen der Eltern und der Lehrkräfte abstimmen. Oft ist es notwendig, realistische Teilziele zu formulieren.

### Lösungen erarbeiten

Erst nach diesen „Vorarbeiten" ist es möglich Lösungen zu erarbeiten.

Diese Phase ergibt sich automatisch aus den vorhergehenden. Durch Konkretisieren der Ziele und Aktivierung der Ressourcen werden oft Wege sichtbar. Diese Phase ist ein kreativer und gemeinsamer Prozess aller Gesprächspartner.

Bei der Erarbeitung der Lösungswege ist es wichtig, auf Realisierbarkeit, auf die Norm- und Wertvorstellungen der Familie, auf die Ressourcen der Betroffenen, auf institutionelle Vorgaben, auf mögliche Hindernisse usw. zu achten.

Der Lehrer bzw. die Lehrerin sollte sich mit konkreten Ratschlägen zunächst zurückhalten, zur gegebenen Zeit aber klar Stellung beziehen und auch Lösungsvorschläge einbringen.

## Vereinbarungen treffen und Aufgaben formulieren

Lösungsideen müssen umgesetzt werden. Nun geht es darum, festzulegen, wer was in der nächster Zeit machen will. Was machen die Eltern, der Schüler, der Lehrer, die Lehrerin? Welche Maßnahmen werden durch wen eingeleitet? (Beobachtungsaufgaben, sVerhaltensaufgaben). Dabei sollten möglichst klare und konkrete Vereinbarungen formuliert werden.

Es sollte auch festgelegt werden, wann das nächste Treffen stattfinden soll und auf welche Art eine Rückmeldung erfolgt.

## Zusammenfassung und Verabschiedung

Zum Abschluss werden die Ergebnisse, die Vereinbarungen und nächsten Schritte kurz zusammengefasst. Dabei ist auch wichtig, die Fortschritte wie auch die noch ungelösten und weiter bestehenden Bereiche zu benennen. Vor der Verabschiedung sollte ein positiver Schlusskommentar nicht fehlen.

## 5 Literatur

Bachmair u.a. (2008) Beraten will gelernt sein. 9. Aufl. 2008 Beltz-Verlag Weinheim und Basel,

de Shazer, S (1989) Der Dreh C. Auer-Verlag Heidelberg

Ehinger, W (2010) Schulprobleme in der Familie – Familienprobleme in der Schule, 6. Auflage CreaSys Tübingen  www.crea-sys.de

Hennig, C & Knödler, U (2007) Schulprobleme lösen. Beltz-Verlag Weinheim, Basel,

Hennig, C & Ehinger, W (2011) Lösungsorientierte Beratung. 8. Auflage CreaSys Tübingen www.crea-sys.de

Hennig, C, & Ehinger, W (2014) Das Elterngespräch in der Schule. 7. Auflage. Auer-Verlag Donauwörth

Prior, M & Winkler, H (2012) MiniMax für Lehrer Beltz, Weinheim und Basel

Schulz von Thun, F (2010) Miteinander Reden Teil1 Störungen und Klärungen – Allgemeine Psychologie der Kommunikation. Rowohlt Hamburg

Watzlawik, P (1967) Menschliche Kommunikation. Huber Stuttgart

Gerrit Kaschuba

# Wie Frauen und Männer kommunizieren – Mythen entwirren, erhellen, aufräumen

In seinem Bestseller „Kunst aufräumen" hinterfragt Ursus Wehrli bisherige Bildansichten, indem er in berühmten Gemälden nach bestimmten Kriterien wie Formen oder Farben Sortierungen vornimmt und diese wieder neu zusammenfügt. Damit kreiert er neue Bilder.

Was hat das mit Kommunikation von Frauen und Männern zu tun? Abgesehen davon, dass auch die Bildende Kunst sich ausgiebig dem Geschlechterverhältnis widmet, geht es bei dem Vorhaben, Mythen der Kommunikation von Frauen und Männern zu entwirren darum, Vertrautes auseinanderzunehmen und neu zu sortieren: in Romanen, Filmen, Witzen, Sprichworten finden sich zentrale Aspekte aus dem Alltag in unserer Gesellschaft, die um Stereotypen von Frau und Mann und deren Kommunikation kreisen und die häufig die Gemüter erheitern.

## Mythen und Hintergründe: „Ein Mann ein Wort..."

Der Mythos, dass „Frauen plappern", lässt sich in vielen Sprichworten wiederfinden wie etwa in: „Ein Mann ein Wort – eine Frau ein Wörterbuch".

Dahinterliegende Annahmen basieren auf der Erfindung der Geschlechtscharaktere Ende des 18. und Anfang des 19. Jahrhunderts in westeuropäischen Gesellschaften, die auf dichotomem Denken aufbauen und zum Beispiel Frauen Gefühl einerseits und Männern Verstand andererseits zuschreiben. Aus diesem Stoff wurden Träume und Bilder in Filmen, Zeitschriften, Romanen.

Es zeigen sich bis heute Kontinuitäten in der Tradierung dieser Bilder und Eigenschaften zugeschnitten auf Geschlecht, die die Historikerin Karin Hausen herausgearbeitet hat (Hausen 1976). Sie macht deutlich, wie diese Charaktere wissenschaftlich durch die verschiedensten Disziplinen wie etwa Medizin, Theologie, Erziehungswissenschaft oder durch Aussagen in Bezug auf das weibliche und männliche Gehirn in der Neuropsychologie mit hervorgebracht und zementiert wurden. Weite Verbreitung fanden sie nicht zuletzt durch pseudowissenschaftliche Veröffentlichungen in den letzten Jahren, die zu Bestsellern avancierten, in denen Erklärungen über Frau und Mann auf die Steinzeit rekurrieren.

Weit verbreitet sind Zahlen in Beispielen wie: Ein Mann kommt von der Arbeit nach Hause. Er hat 6.850 Wörter verbraucht. Die Frau empfängt ihn mit ihren übrigen 13.780 Wörtern. Es gibt Vermutungen darüber, dass dieses Kommunikationsmuster von einem Paarberater stammt, der die Zahlen erfunden hat, um Streitereien zwischen Ehepaaren anschaulich zu machen.

Mittlerweile liegen auch auf der Basis quantitativer Erhebungen andere Zahlen vor: In einer Studie der Universität von Arizona in Tucson haben fast 400 Studierende im Alter von 17 bis 29 Jahren aus den USA und Mexiko 1998 und 2004 an der Studie unter Leitung von Matthias Mehl teilgenommen.

Ein elektronisch aktivierter Spezialrekorder, welcher sich gänzlich unbemerkt einschaltet und jeden kleinsten Wortfetzen, den die Person von sich gibt, festhält und speichert, wurde mehrere Tage hintereinander getragen und schaltete sich alle zwölfeinhalb Minuten für 30 Sekunden automatisch und unmerklich ein, in denen er jedes gesprochene Wort registrierte.

So bestand keine Möglichkeit, die Wortmenge bewusst zu beeinflussen. Mit diesen Aufnahmen konnte man die Anzahl gesprochener Wörter berechnen: Frauen kamen auf 16.215 Wörter am Tag, während Männer mit 15.669 Wörtern täglich nicht wesentlich weniger redeten (Mehl, Vazire, Ramírez-Esparza, Slatcher & Pennebaker 2007).

Die Tatsache, dass es sich um Studierende handelt, schränkt die Ergebnisse nicht ein: Denn wenn die Unterschiede zwischen Männern und Frauen bezüglich der täglichen Wortmenge wirklich biologisch veranlagt wären, dann müsste sich das in jeder beliebig zusammengestellten Stichprobe niederschlagen – ganz egal wie homogen die Gruppe auch sein mag.

## Mythen und gesellschaftliche Ausgangsbedingungen

Doch zeigt sich trotz solch plakativer Zahlen und Widerlegungen dieses Mythos weiterhin eine Beharrlichkeit von geschlechterbezogenen Zuschreibungen über und in der Kommunikation der Geschlechter, die mit strukturellen gesellschaftlichen Ausgangsbedingungen, Kommunikation in privaten und beruflichen Alltagssituationen und den biografischen Erfahrungen und Entwicklungen der Personen zusammenhängen.

Unter strukturellen Ausgangsbedingungen wird die vertikale und horizontale geschlechtshierarchische Arbeitsteilung verstanden (Wer ist in welchen Leitungspositionen, wie sieht die Entwicklung in den sogenannten Frauen- und Männerberufen und in den beruflichen Übergängen aus?) oder auch die Tatsache, dass sich Deutschland im europäischen Vergleich auf den hinteren Rängen wiederfindet, was die Umsetzung der Gleichstellung in der Bezahlung anbelangt (BMFSFJ 2011).

Möglichkeiten und normative Erwartungen der Gesellschaft an Frauen und Männer bilden sich in den Ausgangsbedingungen ab.

Darüber hinaus zeigt die qualitative Sozialforschung, wie sich so manche Erwartung in der Kommunikation an Mädchen, Frauen und Jungen, Männer über peer groups, Massenmedien perpetuiert, auch wenn sich bereits einiges auf der gesetzlichen, faktischen und öffentlichen Diskursebene verändert hat.

So ist spätestens seit den Shell-Studien und Untersuchungen des DJI bekannt, dass sowohl Mädchen als auch Jungen Ambitionen hinsichtlich Beruf und Privatleben/Familie hegen. Und dennoch: Anforderungen an Jungen, sich durchsetzen zu können, Gefühle wie Angst, Scham nicht zu zeigen, korrespondieren mit Erwartungen an Mädchen, sozial, unterstützend und liebenswürdig zu sein. Durch diese permanenten Prozesse des doing gender[1], der geschlechterbezogenen Zuschreibung in der Kommunikation, werden immer wieder Stereotype über Frauen und Männer bekräftigt (vgl. Mühlen-Achs 1998). Es handelt sich dabei um „Unterscheidungen", die praktiziert werden, nicht um Geschlechterunterschiede (vgl. Gildemeister 2010).

Während Teile der Kommunikationsforschung in der Behandlung dieser Thematik zunächst selbst noch stark im Differenzdenken und dem Auffinden von Unterschieden zwischen Frauen und Männern verhaftet waren wie z. B. Debora Tannen, die männliches und weibliches Sprechen unterschied (1993), verweisen Autor_innen wie Erving Goffmann (1994) oder Helga Kotthoff (2002) auf die Bedeutung von sozialen Situationen, in denen Kommunikation stattfindet.

Des Weiteren ermöglicht der kulturelle und gesellschaftliche Wandel Frauen und Männern, vielfältige Formen der Selbstinszenierung vorzunehmen (vgl. Lange/Baumgärtner 2009). Dabei ist immer auch die Verschränkung von Geschlecht mit anderen sozialen Kategorien wie Rasse/Ethnizität, soziale

---

1    Gender ist der englische Fachbegriff für soziales, kulturelles Geschlecht.

Schicht/Klasse, Gesundheit (mit/ohne handicap), Alter zu berücksichtigen. Geschlecht ist nur ein Faktor im Kommunikationsverhalten.

Aber: Jede Kommunikation kann (muss aber nicht) Gender-Anteile enthalten – in der Art, wie geredet oder dargestellt wird, was vermittelt werden soll (Inhalte), welche Selbstaussagen oder Forderungen (Appelle) mitschwingen.

### Ein Beispiel: „Das Ei ist hart"

Das Vier-Minuten-Ei von Loriot bietet hier ein wunderbares Anschauungsbeispiel.

Folgende Ausführungen zu diesen Szenen einer Ehe beim Frühstück lehnen sich an eine Analyse von Regine Gildemeister an.[2]

Der Mann spricht die Frau mit Namen Berta an und sagt: „Berta, das Ei ist hart" Die Darstellung der Figuren fortgeschrittenen Alters und die Namenswahl Berta in dem Zeichentrickfilm verweisen darauf, dass es hier um ein älteres Ehepaar geht, das vermutlich schon länger miteinander am Frühstückstisch sitzt. Sie reagiert auf die Aussage des Gatten mit „ja". Während er scheinbar eine Sachverhaltsdarstellung trifft, hinter der sich eine Anklage verbirgt, nimmt sie die inhaltliche Aussage nicht auf. Der Ehemann wiederholt seinen Satz. Sie scheint das Thema mit „Ich habe es gehört" nicht vertiefen zu wollen. Doch er insistiert: „Wie lange hat das Ei gekocht?" Es klingt nach Sachverhalt, doch zeigt sich hier wohl eher eine Kontrollfrage. Die Ehefrau antwortet: „Zuviel Eier sind gar nicht gesund" und wechselt die Ebene im Sinne eines wie auch immer zu interpretierenden Plädoyers für gesundheitliche Prävention. Er lässt sich nicht abbringen, in dem er sagt „Ich meine, wie lange dieses Ei gekocht hat". Mit: „Du willst es doch immer viereinhalb Minuten haben" erfolgt von ihr die Botschaft: Ich richte mich nach Deinen Wünschen. Bei ihm wird der Ton gereizter: „Das weiß ich". Bei ihr auch: „Was fragst Du denn dann?" Er antwortet: „Weil dieses Ei nicht viereinhalb Minuten gekocht haben kann" mit ähnlicher scheinbar objektiver Aussage, doch bereits etwas massiver der sich dahinter verbergenden Vorwurf: Du machst es falsch. Noch einmal erfolgt eine eher rechtfertigende Antwort der Frau: „Ich koche es aber jeden Morgen viereinhalb Minuten". Er: „Warum

---

2    Unveröffentlichtes Manuskript des Vortrags von Regine Gildemeister im Rahmen des Studium Generale an der Universität Tübingen „Interaktion und Geschlecht: Traditionen, Rituale, Paradoxien" (2000).

ist es denn mal zu hart und mal zu weich?" So wirft er ihr mittels einer Frage Unfähigkeit vor – auch dies in objektivierter Form, am nachprüfbaren Ergebnis orientiert. Mit: „Ich weiß es nicht – ich bin kein Huhn" schert sie aus der Ebene der Sachverhaltsverhandlung endgültig aus. Sie signalisiert: Es reicht.

Aber ihr Mann denkt nicht daran, dieses Signal aufzunehmen: „Ach! Und woher weißt du, wann das Ei gut ist"? Und sie reagiert mit „Ich nehme es nach viereinhalb Minuten heraus, mein Gott" erneut gereizt. In der folgenden Sequenz kommt es zu einem regelrechten Schlagabtausch. Er: „Nach der Uhr oder wie?" Sie: „Nach Gefühl, ich habe es im Gefühl". Er: „Im Gefühl. Was hast Du im Gefühl?" Sie: „Ich habe es im Gefühl, wenn das Ei weich ist."

Er: „Aber es ist hart. Vielleicht stimmt mit Deinem Gefühl etwas nicht." Sie: „Gott, was sind Männer primitiv" und er brummt düster und leise vor sich hin: „Ich bringe sie um, morgen bringe ich sie um".

Worum geht es? Auf der Sachebene geht es scheinbar um die Verständigung über eine "Sache", wie weich oder wie hart das Ei ist, und wie lange es gekocht hat. Auf der Beziehungsebene ist die emotionale Färbung durch die Worte, über die Betonung, Wortmelodie, Lautstärke und auch über die expressive Symbolik der Körpersprache (Haltung, Mimik, Gestik) von großer Bedeutung. "Das Ei ist hart" ist eben keine Sachaussage, sondern eine Botschaft und vor allem die Klage: Du liebst mich nicht. Denn dann würdest Du Dir ja mehr Mühe geben. Und genau dieser Vorwurf wird abgewehrt und führt zur Eskalation.

In dieser Interaktion wird der Konflikt und seine Inszenierung auf den Punkt gebracht: Rational, an objektivierten Maßen orientiert versus intuitiv, aus dem praktischen Ablauf heraus handelnd. Damit rekurriert der Autor Loriot auf gängige Geschlechterstereotype. Ein immer absurder werdender Wortwechsel verkehrt die Argumente, der Sachverhalt tritt dahinter zurück, es wird etwas anders verhandelt.

Es handelt sich nicht um eine reale Interaktionssituation, sondern um eine fiktive, die in uns aber ein Wissen um bestimmte Situationen entstehen lässt.

Sobald ich eine Person besser kenne, ihre Ausdrucksformen, Lebensgeschichten, werden Einteilungen in Form von Typisierungen, Einteilung in eine oder mehrere Kategorien ein Stück weit aufgebrochen. Die Einzigartigkeit der Person tritt dann in den Vordergrund. Der Autor aber spielt mit der Typik von Geschlechtskategorisierungen und dem Wissen um ein Wiedererkennen beim Publikum. Daraus entsteht der Witz.

Zugleich kann (Gildemeister 2010) ein "männlicher Blick" in dieser Szene festgestellt werden:
Der Autor Loriot lässt den Mann um seine Sache mit scheinbar sachlichen Argumenten kämpfen, die Frau dagegen reagiert scheinbar irrational, emotionalisiert und lässt dadurch die Interaktion scheitern.

Auch das ist ein durchaus klassisches Stereotyp: Der Mann ist vernünftig, logisch, die Frau emotional und unlogisch. Bis auf den Schluss: Hier lässt der Autor Emotionalität beim Mann sichtbar werden. An dieser Stelle sei angemerkt, dass es in der Tat verwunderlich ist, wie das Stereotyp fortwährt, Männer seien nicht emotional.

Wäre es möglich, die Rollen zu verkehren?
Obwohl Männer die Kunst des Eierkochens heutzutage durchaus beherrschen, fällt den meisten Leser_innen bzw. Teilnehmer_innen bei Fortbildungen beim Lesen des Dialogs ohne die Bezeichnung der Protagonist_innen (also ohne dass bekannt ist, ob es sich um Frau und Mann handelt) die geschlechterbezogene Rollenverteilung ein, wie sie hier beschrieben ist.
Wenn die geschlechtlichen Identitäten bzw. die Rollen vertauscht werden, Mann kocht Ei, Frau beanstandet es, entsteht möglicherweise Irritation (vgl. Lange/Baumgärtner 2009). Das bedeutet: Im Verstehen der Szene rekurrieren wir implizit auf eine heterosexuelle Paarbeziehung mit einer "traditionellen" Rollenverteilung – auch wenn viele andere Lebensentwürfe, Arbeitsteilungen, geschlechtliche Identitäten und sexuelle Orientierungen bekannt sind und gelebt werden.
Doch trotzdem zeigen sich auch in der Realität interessante Phänomene – etwa dass sich bei heterosexuellen Paaren, die zu Beginn ihrer Ehe bzw. Partnerschaft alternative Rollenvorstellungen hatten, die Arbeitsteilung im Haushalt häufig doch nach einigen Jahren in Richtung "traditioneller" Rollenverteilung verändert hat (vgl. BMFSFJ 2011).

## Zur Ambivalenz der Forschung zwischen Zementierung und Auflösung der Geschlechterstereotype

Debora Tannen hat mit dem eingängigen Satz „Du kannst mich einfach nicht verstehen", der auch der Loriot-Szene zugrunde liegt, einen zentralen Mythos in der Kommunikation der Geschlechter perpetuiert. Sie spricht in Bezug auf Frauen und Männer von zwei Kulturen und dementsprechenden differenten Gesprächsstilen – dem "Rapport-talk" als Beziehungssprache und dem "Report-talk" als Berichtssprache (Tannen 1991). Die Gegenüberstellung in der These von zwei Kulturen mag zunächst faszinieren.

Der "Rapport-talk" beinhaltet nach Tannen Sympathie, Zuhören, privates Sprechen als bevorzugtes Umfeld, eine Bindungs- und Beziehungsperspektive und zielt auf Unterstützung, auf Nähe. Die Sprechkultur wird als konfliktorientiert und dynamisch gekennzeichnet, Verständigung als Ziel formuliert.

Dabei wird häufig die "Wir"-Form verwendet. Diese Art Kommunikation erzeugt symmetrische Beziehungen, die Interaktion dominiert und ein Versagen wird personengebunden gedeutet.

Der "Report-talk" ist nach Tannen an Problemlösungen orientiert, Vorträge sind hier genannt, öffentliches Sprechen sei das bevorzugte Umfeld, die Statusperspektive von Bedeutung. Diese Sprache zielt auf Gegnerschaft und Distanz.

Die Sprechkultur ist gekennzeichnet vom Denken in Recht und Unrecht und wird als statisch bezeichnet. Das Ziel der Kommunikation ist nach Tannen die Autonomie, das Reden findet in der "Ich"-Form statt.

Dieser Gesprächsstil erzeugt asymmetrische Beziehungen, die Information dominiert, ein Konflikt oder Scheitern wird strukturell begründet (Tannen 1991).

Grundsätzlich besteht die Gefahr, mit diesen Dichotomien wie "kooperativ" oder "ich-bezogen" und "wir-bezogen" wiederum erneut gesprächsstilistische Unterschiede zwischen Frauen und Männern zu konstruieren. Es muss gesehen werden, dass stilistische Präferenzen nicht in jedem Kontext ausagiert werden. „Die meisten Menschen verfügen über eine Vielfalt an Gesprächsstilen, die sie situationell unterschiedlich einsetzen." (Kotthoff 2002:7) Gibt es also einen Nutzen der Gegenüberstellung? „Mit der gebotenen Vorsicht und losgelöst von der Geschlechtszuschreibung kann man die gegenübergestellten Merkmale als Beobachtungsraster nutzen, um eigenes und fremdes Kommunikationsverhalten zu reflektieren." (Ebert/Harlinghausen 2012, S.124) Sie aber am Geschlecht festzumachen bedeutet in der Tat, Stereotype oder Mythen zu perpetuieren.

Ähnlich schwierig verhält es sich mit weiteren Ergebnissen der frühen linguistischen Interaktionsforschung, die weiterhin im Alltagswissen verhaftet sind. So werden Frauen eher die Zustimmung heischenden Anhängsel zugeschrieben, die ein Gespräch in Gang halten können. Doch können diese sogenannten „tag questions" (haven't you? Verstehst du? Nicht wahr?) durchaus auch impertinent sein. Hier zeigt sich ein Problem in der Forschung: Häufig trägt eine voreingenommene Interpretationshaltung dazu bei, die Geschlechtscharaktere oder These der zwei Kulturen zu belegen.

So hat z. B. Pamela Fishman (1978) Tonbandaufzeichnungen im privaten Bereich bei Paaren gemacht und die These der "Drecksarbeit" der Frauen bei Gesprächen aufgestellt. Diese ist jedoch nicht haltbar: Anhand ihrer Transkripte wurde nachgewiesen, dass auch der Mann Aufmerksamkeitsmarkierungen („das ist ja interessant", „sieh mal") setzt, um Aufmerksamkeit zu erhalten, während die Frau auch häufig Statements macht, was von Fishman als männlicher Gesprächsstil bezeichnet wird (vgl. Ayaß 2008).

Susanne Günthner kritisiert, dass auch nicht alle Fragen geeignet sind, das Gespräch in Gang zu halten. Sie nennt beispielsweise eine Verhörsituation oder aggressive Formen wie „Kann es sein, dass du das Salz vergessen hast?" im Rahmen einer Essenseinladung, was durchaus kränkend sein kann (vgl. Günthner 1992).

Im Zusammenhang mit Kommunikation und Geschlecht wird oft auch angeführt, dass die Unterbrechung immer ein Zeichen von Dominanz im Gespräch sei. Männer würden Frauen systematisch mehr unterbrechen.

Mittlerweile zeigen mehr als 50 Studien zu dem Thema, dass nicht alle Unterbrechungen ein Zeichen von Dominanz darstellen. Simultanes Sprechen kann auch Ausdruck von emotionaler Involviertheit bedeuten oder von Unterstützung (vgl. Ayaß 2008:79).

Und: Es sind auch nicht immer die Männer, die unterbrechen.

„Kein konversationelles Phänomen allein symbolisiert nur Gender" (Kotthoff 2002:16). Der Kontext und die jeweilige soziale Situation sind entscheidend. So macht es einen Unterschied, ob Menschen sich in einem freundschaftlichen oder beruflichen Gespräch befinden. Auch lässt der Blick in andere Kulturen das eigene Denken hinterfragen.

Von zentraler Bedeutung ist die Berücksichtigung struktureller gesellschaftlicher Machtverhältnisse: Da im öffentlichen Raum der Gesprächsstil der Statusorientierung vorherrscht, in dem eher Männer häufig "noch" tonangebend sind, erbringen Frauen Anpassungsleistungen an diesen Stil, um in dem Raum erfolgreich zu sein. Es sind Frauen, die Rhetorikkurse besuchen, um ihr stilistisches Repertoire zu erweitern. Helga Kotthoff ist zuzustimmen, wenn sie konstatiert, dass, „obwohl historisch-vergleichende Studien zu konversationellen Stilen fehlen", davon ausgegangen werden muss, „dass in manchen Kontexten stilistische Angleichungen des Gesprächsverhaltens der Geschlechter stattgefunden haben, zum anderen Frauen heute besser als früher wissen, was sie in bestimmten öffentlichen Kontexten erwartet." (Kotthoff 2002:16)

Sie belegt selbst, wie die Wirksamkeit geschlechterbezogener Stereotype in bestimmten Kontexten an Bedeutung verlieren. Frauen treten in der Öffentlichkeit als Expertinnen auf, setzen sich in Gruppendiskussionen durch oder aber haben auch gelernt, die Möglichkeiten ihrer Stimmbänder zu nutzen (etwa in Form tieferer Stimmlagen).

Untersuchungen zu tiefen Stimmen bei Männern (Graddol/Swann 1989) und hohen Stimmen von Frauen, machen deutlich, dass diese nicht biologisch determiniert sind. Kürzere Stimmbänder bei Frauen hindern nicht daran, dass Frauen und Männer mit denselben Tonhöhen sprechen können, sie nur häufig nicht das ihnen zur Verfügung stehende Repertoire an Stimmhöhen und an Tonhöhenbewegungen nutzen (Graddol/Swann 1989).

Veränderte Erwartungen, wie sie Kotthoff beschrieben hat, zeigen sich meines Erachtens gegenwärtig auch in der Aufnahme von kritisch-reflektiertem Gender-Wissen im beruflichen Bereich. Männer wie Frauen wissen zum Teil, was von ihnen unter dem Vorzeichen von Political Correctness in der Kommunikation erwartet wird. Und dennoch…

## „Ich behandle alle gleich" – Welche Bedeutung haben gender-bezogene Mythen für die berufliche Sphäre?

Als Beispiel kann die Wahrnehmungsverzerrung durch stereotype Bewertung des Kommunikationsverhaltens von Männern und Frauen angeführt werden. In Einstellungsgesprächen, Mitarbeiter_innenbeurteilungen, Team-Gesprächen und weiteren sozialen Situationen besteht die Gefahr der Reifizierung, also der Wiederherstellung und Verfestigung von Geschlechterstereotypen, wenn Äußerungen nicht kontextbezogen gedeutet werden und die Wahrnehmung selbst nicht in den Blick gerät.

In einer Didaktik-Fortbildung für Dozent_innen an einer Hochschule erzählte derselbe Teilnehmer, ein Dozent aus dem Studiengang Tourismus, der eingangs in der Fortbildung äußerte, „Ich kommuniziere mit allen gleich" folgende Situation: Er forderte die Studentinnen, die die Studienrichtung Tourismus mehrheitlich belegen, in einer Lehrveranstaltung im Fach Mathematik auf, ihren Taschenrechner aus der Tasche zu holen. Keine von ihnen hatte einen Taschenrechner dabei. Daraufhin sagte er: „Ich hätte vermutlich mehr Glück gehabt, wenn ich sie aufgefordert hätte, ihre Nagelfeile herauszuholen."

Die Aussage „Ich kommuniziere mit allen gleich" wird hier über die inhaltliche Aussage mit der Nagelfeile widerlegt. Der Dozent weiß um die Zuschreibung, er benutzt sie aber, um seine Emotion auszudrücken, auch, um einen Spiegel vorzuhalten. Damit reifiziert er wiederum Geschlechterstereotype – trotz besseren Wissens.

Ähnlich wie geschlechterbezogene können sich auch kulturelle Wahrnehmungsstereotype in der Kommunikation niederschlagen („Deutsche können organisieren, Italiener können improvisieren").

## Der Mythos in den Massenmedien „Ich Tarzan – Du Jane"

Während sich die genannten Beispiele im privaten und beruflichen Alltag bewegen und durchaus ein Wandel sowohl in der Inszenierung der Geschlechter als auch in der Kommunikationsforschung festzustellen ist, zeigt sich im Bereich Massenmedien eine gewisse Beharrlichkeit in der Darstellung weiblicher und männlicher Stereotype. „Mode und Massenmedien bescheren ein auf Schönheit fixiertes Frauenbild und ein wesentlich vielseitigeres Männerbild.

Vermutlich fungieren sie heute als einer der wichtigsten konservativen Faktoren im Erhalt von Geschlechter-Asymmetrie." (Kotthoff 2002:24)

Erving Goffmann hat die nonverbale Kommunikation über die ritualisierten Abbildungen in der Werbung analysiert. Sie sind demnach keine Abbildungen der Wirklichkeit, vielmehr gleichen sie zeremoniellen Aufführungen. In einer Art „kindlichen Maskerade" (Goffmann 1981: 197) kuscheln sich, so auch die Analysen von Gitta Mühlen-Achs im deutschsprachigen Raum, Frauen an Bierkästen, räkeln sich auf Teppichen, schmiegen sich an Männer, Autos oder Sofas an (Mühlen-Achs 1998).

Kritisch setzt sich damit auch die junge Protestorganisation Pinkstinks auseinander, die gegen limitierende Geschlechterrollen in Werbung und Medien agiert.

## Beharrlichkeiten im Vergnügen an Mythen bei gleichzeitigem Wandel

Auf vielen Ebenen findet Wandel statt. Dieser folgt aber keinem eindeutigen Trend.

Es gibt – stellt Helga Kotthoff bereits 2002 fest – einerseits eine „Relevanz-Zurückstufung" von gender, andererseits aber etwa eine Fixierung (und Reduzierung) der Massenmedien und Werbung auf Geschlechterstereotype (Kotthoff 2002). Und doch meint sie, spielt Geschlecht in Kommunikation und Gesellschaft immer noch – häufig in subtil auftretenden Formen – eine Rolle. Letzteres zeigt sich deutlich 2013 mit dem Hashtag #aufschrei gegen sexuelle Belästigung, den Anne Wiezorek zusammen mit anderen jungen Feministinnen im Netz initiierte, die Bedeutung des Mediums Internet als Raum für Kommunikation. Mythen werden im Rahmen neuer, digitaler Öffentlichkeitsräume entlarvt.

Und gleichzeitig ist wiederum genau in diesen digitalen Räumen eine starke Gegenbewegung gegen die sogenannte Gender-Ideologie und eine neue Mythologisierung festzustellen.

Neue Perspektiven kann auch die aktuelle Weiterentwicklung der Queer-Theory und de-konstruktivistischer Ansätze mit sich bringen, die eine radikale Herausforderung für die dichotome Konstruktion von Geschlecht darstellt und die heteronormativen Beschreibungen von männlich und weiblich, feminin und maskulin, heterosexuell und homosexuell hinterfragt.

Einen anderen Zugang bietet die Weiterentwicklung intersektionaler Ansätze, die eindimensionale Perspektiven kritisieren und Mehrfachdiskriminierungen aufgrund von Geschlecht, Herkunft, Hautfarbe etc. auf der Grundlage struktureller Gesellschaftsbedingungen in den Blick nehmen (vgl. Walgenbach 2014).

Deutlich ist: Mit dem Aufräumen von Mythen in der Kommunikation bewegen wir uns in einer Ambivalenz: Einerseits besteht die Gefahr, Geschlechterstereotype zu reifizieren bzw. erneut zu zementieren, wenn das Thema Geschlecht in der Kommunikation auf der Basis vorliegender Untersuchungen – wenn auch kritisch – beleuchtet und vorhandenes Alltagswissen in den Fokus genommen wird. Andererseits können Ansätze, Geschlecht zu de-thematisieren Geschlechtergrenzen und –stereotype aufzulösen oder Mehrfachverschränkungen in den Blick zu nehmen, dazu führen, dass Geschlechterverhältnisse und tatsächlich stattfindende Zuschreibungen zu Geschlecht übergangen werden.

Auf der Ebene pädagogischer und weiterer Praxisbereiche ist es wichtig, sich dieser Ambivalenz bewusst zu sein, eigene Bilder und geschlechterbezogene Zuschreibungen, die häufig mit anderen Zuschreibungen zu Körper, Kultur etc. verschränkt sind, in der beruflichen und privaten Kommunikation zu reflektieren.

Das heisst, die eigenen Prozesse der Unterscheidung in der Kommunikation, aber auch die von anderen, wahrzunehmen und dies durchaus auch zu thematisieren.

## Literatur

Ayaß, Ruth 2008: Kommunikation und Geschlecht, Stuttgart.

BMFSFJ 2011: Erster Gleichstellungsbericht der Bundesregierung. Neue Wege – Gleiche Chancen. Gleichstellung von Frauen und Männern im Lebensverlauf, Berlin.

Ebert, Helmut/Harlinghausen, Kerstin 2012: FeMale. Führung jenseits von Geschlecht und Vorurteil, Stuttgart.

Fishman, Pamela (1983): Interaction: the work women do. In: Barrie Thorne/ Cheris Krama-rae/Nancy Henley (eds.): Language, gender, and society. Rowley, Mass.: Newbury House, 89-101.

Gildemeister, Regine 2000: Interaktion und Geschlecht: Traditionen, Rituale, Paradoxie, Unveröffentlichtes Manuskript Vortrags von Regine Gildemeister im Rahmen des Studium Generale an der Universität Tübingen.

Gildemeister, Regine 2010: Doing Gender. Soziale Praktiken der Geschlechterunterscheidung. In: Becker, Ruth/Kortendiek, Beate (Hg.): Handbuch Frauen- und Geschlechterforschung. Wiesbaden, 137-145.

Graddol, David/Swann, Joan 1989: Gender Voices, Oxford.

Goffmann, Erving 1981: Geschlecht und Werbung, Frankfurt a.M.

Günthner, Susanne 1992: Sprache und Geschlecht: Ist Kommunikation zwischen Frauen und Männern interkulturelle Kommunikation? Linguistische Berichte 138, 123-143.

Hausen, Karin 1976: Die Polarisierung der „Geschlechtscharaktere". Eine Spiegelung der Dissoziation von Erwerbs- und Familienleben. In: Conze, Werner (Hg.): Sozialgeschichte der Familie in der Neuzeit Europas. Neue Forschungen, Stuttgart, S. 363-393.

Kaschuba, Gerrit/Derichs-Kunstmann, Karin (Hg.) 2009: „Fortbildunggleichstellungsorientiert!". Arbeitshilfen zur Integration von Gender-Aspekten in Fortbildungen. Hrsg. BMFSFJ. Download: www.tifs.de.

Kotthoff, Helga 2002: Was heißt eigentlich „doing gender"? Zu Interaktion und Geschlecht. In: Leeuwen-Turnovcová, J. van (et.al.) (Hg.): Wiener Slawistischer Almanach, Sonderband 55. Download: http://home.ph-freiburg.de/kotthoff/texte/Doinggender2002.pdf.

Lange, Ralf/Baumgärtner Andreas 2009: Fachbezogene Konzepte für Fortbildungen am Beispiel „Kommunizieren und kooperieren". In: Kaschuba, Gerrit/Derichs-Kunstmann, Karin (Hg.) a.a.O.

Mehl, Vazire, Ramírez-Esparza, Slatcher & Pennebaker 2007: Are Women Really More Talkative Than Men? Science 317 (5834), 82.

Mühlen-Achs, Gitta 1998: Geschlecht bewusst gemacht. Körpersprachliche Inszenierungen. Ein Bilder- und Arbeitsbuch, München.

Tannen, Debora 1991: Du kannst mich einfach nicht verstehen. Warum Frauen und Männer aneinander vorbeireden, Hamburg.

Walgenbach, Katharina 2014: Heterogenität – Intersektionalität – Diversity in der Erziehungswissenschaft, Opladen & Toronto.

Anke Springer
# Barrierefreie Kommunikation durch Leichte Sprache

*„Man kann nicht nicht kommunizieren."* schreibt Paul Watzlawick.
Unser Leben besteht aus Kommunikation, aus einem beständigen Austausch von Botschaften.

Innerhalb der Interaktion bzw. Kommunikation entwickelt sich die Identität einer Person und gleichzeitig gestalten Interaktion bzw. Kommunikation zwischen Individuen soziale Verhältnisse durch Aushandlungsprozesse.

Dabei steht die Sprache im Zentrum unserer Kommunikation, mit der wir uns mitteilen und austauschen. Sprache mit der wir den Dingen Bedeutungen zuschreiben und uns auf eine gemeinsame Realität verständigen.

In der Sprache des symbolischen Interaktionismus geschieht dies durch den symbolisch vermittelten Prozess der Interaktion bzw. Kommunikation. Wobei die typisch menschliche Kommunikation über signifikante Symbole stattfindet.

## Barrierefreiheit

Wenn wir uns in der Gesellschaft, in unserer Umgebung umschauen, finden wir viele Barrieren in der räumlichen Gestaltung der Infrastruktur, in den gesellschaftlichen Systemen, in den Köpfen von Mitgliedern der Gesellschaft und innerhalb deren Kommunikation.

In der **räumlichen Gestaltung** der Infrastruktur treffen wir auf vielerlei Hindernisse. Sei es Treppen vor den Eingängen, zu wenig alternative Zugangswege, zu enge Türen, zu enge Kassen in den Supermärkten, zu schmale und zu hohe Bürgersteige, zu hohe Bankautomaten, Busse, die mit dem Rollstuhl nicht befahrbar sind oder unbequemes Kopfsteinpflaster in der Altstadt von Tübingen, um nur ein paar wenige Beispiele zu nennen.

Genauso ist barrierefreier und bezahlbarer Wohnraum für Menschen mit körperlichen Einschränkungen in den Kommunen Mangelware.

In den **gesellschaftlichen Systemen** wie Bildung, Ausbildung und Arbeit ist eher eine Erhöhung von Barrieren zu beobachten. Während auf der einen Seite eine inklusive Gesellschaft postuliert wird, werden auf der anderen Seite die Zugangsvoraussetzungen im Rahmen der zu erbringenden Leistungen immer höher. Genauso gestalten sich diese Systeme zunehmend komplexer, so dass selbst „Otto-Normal-Bürger" leicht den Überblick verliert.

Wie schaut es mit den **Barrieren in den Köpfen** aus? Immer noch finden sich viele Vorurteile gegenüber Menschen, die in irgendeiner Weise anders sind, so auch gegenüber Menschen mit Behinderung.

Vorurteile lassen sich als extrem unbeweglich und äußerst negativ gefärbte Einstellung definieren. Vorurteile widersetzen sich weitestgehend einer Beeinflussung und Veränderung.

Vorurteile wirken sich äußerst negativ auf die Identitätsentwicklung der von Vorurteilen betroffen Personen aus. So besagt eines der sozialen Modelle von Behinderung, dass Behinderung im Grunde eine beschädigte Identität darstellt. Diese beschädigte Identität entsteht durch negative Zuschreibungen innerhalb von Interaktionsprozessen, in denen sich Fremd- und Selbstbild bezogen auf normative Erwartungen entwickelt. Bleidick bezeichnet dieses Modell der Behinderung als „Behinderung als Etikett".
Von daher dürfen Vorurteile beim Thema Barrierefreiheit nicht vergessen werden und es bedarf weiterhin einer großen Anstrengung, diese Vorurteile abzubauen.

## Wo finden sich Barrieren innerhalb unserer Kommunikation?

Beim Thema Kommunikation kommt es auf die Art der Einschränkung an, inwiefern Barrieren vorhanden sind.

Bei sehbehinderten und blinden Menschen wird die sprachliche Kommunikation eher unproblematisch sein. Es fehlt der Blickkontakt und kann vielleicht dadurch zur Verunsicherung der Sehenden führen. Hier sind es eher Texte und Botschaften in schriftlicher bzw. bildlicher Form, die nicht gelesen bzw. wahrgenommen werden können. Hier baut die Brailleschrift entsprechende Barrieren ab. Leider ist sie für die betroffenen Personen nicht überall verfügbar. Beispielsweise ist in Restaurants nur in den wenigsten Fällen eine

Speisekarte in Brailleschrift vorhanden.

Für hörbehinderte und gehörlose Menschen gestaltet sich zwischenmenschliche Kommunikation deutlich schwieriger. Gibt es die Möglichkeit von den Lippen abzulesen oder nicht? Es gibt sicherlich kein breites gesellschaftliches Verständnis von Gebärdensprache. Es gibt jedoch das Recht auf Gebärdendolmetscher bei behördlichen Terminen, Gebärdendolmetscher bei einigen Großveranstaltungen oder bei Nachrichtensendungen auf phoenix. Aber die alltägliche zwischenmenschliche Kommunikation bleibt eingeschränkt. Nicht umsonst finden wir bei der Gruppe der gehörlosen Menschen die stärksten Communities.

Für Menschen mit Lernschwierigkeiten gestaltet sich Kommunikation schwierig, wenn komplexe Zusammenhänge ausgetauscht werden, wenn die Sätze zu lang werden, wenn diese zu viele Informationen enthalten, wenn Fremdwörter oder Anglizismen verwendet werden.

Trotz aller Bemühungen finden sich in unserer Gesellschaft weiterhin vielfältige und von der Mehrheit unbemerkte Barrieren.

Barrieren behindern den Zugang zu gesellschaftlicher Teilhabe und führen zu einer Erhöhung des Hilfebedarfs der von Einschränkungen betroffenen Personen.

Wenn Busse, Züge, etc. ohne Hilfe für Menschen im Rollstuhl befahrbar sind, benötigen diese Personen weniger bzw. keine Hilfe im Bereich Mobilität.

Wenn statt einer Treppe eine Rampe ins Rathaus führt, kann der Mensch im Rollstuhl ohne Hilfe ins Bürgeramt, um beispielsweise einen neuen Ausweis zu beantragen.

Wenn die Hilfeplanung in Leichter Sprache geführt wird, kann der Mensch mit Lernschwierigkeiten besser selbst berichten, wie er leben möchte, wobei er Hilfe braucht und verstehen, welche Möglichkeiten es gibt und davon die passenden auswählen.

## Barrierefreie Kommunikation und leichte Sprache

Leichte Sprache will Barrieren in der Kommunikation in sprachlicher und schriftlicher Form gerade für Menschen mit Lernschwierigkeiten abbauen.

Wobei auch andere Bevölkerungsgruppen von Leichter Sprache profitieren wie beispielsweise Personen mit wenig Deutschkenntnissen.

Vor zwei Jahren lautete der Titel meines Vortrags über Leichte Sprache: Zugang zu Information als Weg zur Inklusion. Dabei spielt gerade die Information im Rahmen der Anerkennungstheorie von Honneth eine zentrale Rolle, damit Menschen mit Lernschwierigkeiten ihren Kampf um Anerkennung auf der rechtlichen Ebene führen können mit dem Ziel, von der Gesellschaft als autonome und zu moralischem Handeln fähige Mitglieder der Gesellschaft anerkannt zu werden.
Denn nur wer seine Rechte kennt, kann diese auch einfordern.

Nach Honneth baut sich die Struktur der Anerkennungsverhältnisse folgend auf.
Als Menschen entwickeln wir in der ersten Stufe der Liebe Selbstvertrauen durch emotionale Zuwendung in Primärbeziehungen. In der zweiten Stufe des Rechts entwickeln wir Selbstachtung durch kognitive Achtung von Seiten der Gesellschaft in Form von Rechtsverhältnissen. In der dritten Stufe der Solidarität entwickeln wir Selbstschätzung durch soziale Wertschätzung in einer gemeinsamen Wertegemeinschaft. Diese dritte Stufe der Anerkennung könnte mit Inklusion gleichgesetzt werden.

Gerade in den ersten Jahren nach der Einführung von Leichter Sprache gab es überwiegend Übersetzungen von rechtlichen bzw. sozialrechtlichen Bestimmungen und Regelungen. Es wurde ein Zugang zu relevanten Informationen geöffnet, damit Menschen mit Lernschwierigkeiten ihre Rechte zunehmend kennenlernen und wahrnehmen können.

Inzwischen werden auch viele allgemeine Themen wie Politik, Religion, Gesundheit, Kochen und Reisen in Leichter Sprache behandelt. Auch bei den Biographien, Romanen und Krimis in Leichter Sprache gibt es einen deutlichen Zuwachs zu verzeichnen. Erst vor kurzem erzählte mir eine frühere Kollegin, dass es aktuell ein Bibelprojekt gibt, in dem einzelne Teile in Leichte Sprache übersetzt werden. Die Weihnachtsgeschichte findet man bereits in der Bücherliste des Netzwerks Leichte Sprache. Damit öffnet sich für Menschen mit Lernschwierigkeiten auch ein Zugang zu unserer kulturellen Welt.

## Barrierefreie Kommunikation zur Verwirklichung von sozialer Wertschätzung

Wenn wir noch einmal einen Bogen zurück zur Anerkennungstheorie schlagen, wie kann soziale Wertschätzung erlebt werden?

Auf der einen Seite geht es um eine gerechte Verteilung der Ressourcen. Auf der anderen Seite geht es darum, als unverwechselbares Individuum mit seinen individuellen Fähigkeiten und Eigenschaften durch die Gesellschaft intersubjektive Zustimmung zu erfahren.

Im Alltag erleben wir soziale Wertschätzung in der zwischenmenschlichen Kommunikation bzw. Interaktion. Neben einer gewaltfreien Kommunikation ohne Abwertung, Verletzung oder Ausgrenzung spielt besonders auch das gegenseitige Verstehen eine große Rolle. Die Erfahrung in der Interaktion: Der Andere will mich verstehen und gibt mir gleichzeitig die Chance, ihn zu verstehen.

Von daher könnte gerade eine barrierefreie Kommunikation einen wertvollen Beitrag in der Verwirklichung von sozialer Wertschätzung leisten.

Schriftstücke in Leichte Sprache zu übersetzen benötigt viel Zeit und stellt sich bei der Umsetzung oft als eher schwierig heraus. Das sagen zumindest meine Schüler/innen, wenn sie bei der entsprechenden Unterrichtseinheit üben, kleine Texte in Leichte Sprache zu übersetzen.

Barrierefreie Kommunikation im täglichen Miteinander scheint jedoch noch schwieriger zu sein. Wie oft verwenden wir selbstverständlich Fremdwörter, formulieren Sätze in der passiven Form, verwenden den Infinitiv, bilden den Konjunktiv und substantivieren. Wir bilden gerne lange Sätze – gerade wenn es um die Beschreibung von Details geht. Wir verwenden Redewendungen und Ironie.

Genauso ist barrierefreie Kommunikation in der Beratung von Menschen mit Lernschwierigkeiten ein wichtiges Thema. Sei es die Beratung beim Arzt, Beratung bei Gesundheitsthemen, Beratung in sozialrechtlichen Angelegenheiten, Beratung in Konfliktsituationen – um nur ein paar Beispiele zu nennen.

Auch die Psychotherapie mit Menschen mit Lernschwierigkeiten benötigt eine barrierefreie Kommunikation. Bis heute gibt es nur wenige psychotherapeutische Angebote für Menschen mit Lernschwierigkeiten.

Im Bereich der Forschung wird gerade bei der Befragung von Menschen mit Lernschwierigkeiten „Leichte Sprache" bei der Formulierung der Fragen benötigt; genauso bei einer partizipativen Forschung, in der Menschen mit Lernschwierigkeiten aktiv in den Forschungsprozess miteinbezogen sind.

Auf der Ebene der Landkreise werden bei Leistungen der Eingliederungshilfe und Hilfe zur Pflege die entsprechende Hilfeplanung mit den Menschen mit Behinderung und ihren Angehörigen gemeinsam erarbeitet. Bei dem Personenkreis der Menschen mit Lernschwierigkeiten ist auch hier eine barrierefreie Kommunikation notwendig, damit die Betroffenen an diesem Prozess aktiv teilnehmen können.

Auch mein Vortrag ist alles andere als barrierefrei, obwohl ich mir Mühe gebe, ihn einfach zu gestalten. Sie sehen: Bereits in diesen letzten Satz stecken zwei Nebensätze.

## Mündliche Befragung von Menschen mit Lernschwierigkeiten

Beim letzten Teil des Beitrages will ich nun aufzeigen, wie eine Befragung von Menschen mit Lernschwierigkeiten in Leichter Sprache ansatzweise aussehen könnte.

## Geeignetes Befragungsinstrument in der qualitativen Befragung

Von meiner Erfahrung her eignen sich für eine qualitative Befragung rein narrative Interviewmethoden eher weniger für Menschen mit Lernschwierigkeiten. Die Fragestellung ist meist zu offen, zu unspezifisch für den Personenkreis, um darauf antworten zu können.

Gute Erfahrungen habe ich mit dem Problemzentrierten Interview nach Witzel gemacht. Beim **Problemzentrierten Interview** kann die befragte Person möglichst frei und zugleich thematisch gelenkt über ihre Erfahrungen oder ihre Lebenssituation berichten. Außerdem erlaubt diese Befragungsmethode explizit Sondierungsfragen. Sondierungsfragen zeigen den Befragten das Interesse des Gegenübers und dienen einem verbesserten Verständnis auf die Sicht des Befragten. Witzel bezeichnet dies als „organisierten Verstehensprozess" innerhalb der Befragungssituation.

## Wie können nun Fragen in Leichter Sprache formuliert werden?

Bei der Befragung im Modellprojekt „Persönliches Budget in Baden-Württemberg" lautete zum Beispiel die Eingangsfrage:
*„Wie sind Sie zu dem Persönlichen Budget gekommen?"*
Hier haben wir eine Offenheit darin, dass der Befragte selbst bestimmt, wo er seine Erzählung beginnt. Zugleich bietet der Gegenstand Persönliches Budget eine thematische Lenkung.

Falls die befragte Person bei ihrer Erzählung nichts von ihrer Motivation erzählt, könnte hier die Sondierungsfrage dazu lauten:
*„Warum wollten Sie ein Persönliches Budget?"*

**Die Frage nach der Bewertung, könnte so aussehen:**
*„Was ist gut am Persönlichen Budget?"*
*„Was ist nicht gut am Persönlichen Budget?"*

Die Fragen sind einfach gestellt. In Leichter Sprache wird das Wort „gut" bzw. „nicht gut" verwendet und nicht „positiv" bzw. „negativ". Genauso beinhaltet jede Frage nur einen Gegenstand, nach dem gefragt wird.

**Die Frage nach Alltagsabläufen könnte folgend formuliert werden:**
*„Was haben Sie gestern alles gemacht?"* (Leichte Sprache)
Normalerweise würde man die Frage so formulieren:
*„Können Sie mir erzählen, wie ein normaler Werktag bei Ihnen aussieht?"*

Hier sehen Sie einen deutlichen Unterschied im Satzaufbau. In Leichter Sprache ist die Frage kurz und beinhaltet keinen Nebensatz. Und anstatt den abstrakten Begriff „Werktag" wird der gefragte Zeitpunkt konkretisiert mit „gestern" oder „am Dienstag"; genauso wird die aktive Form verwendet.

**Bei Fragen zum Hilfebedarf könnte die Frage so gestaltet werden:**
*„Bei was brauchen Sie Hilfe?"*
Manchmal ist diese Frage zu offen. In diesem Fall wäre es gut, entsprechende Kategorien vorliegen zu haben, die abgefragt werden können.

Zum Beispiel: *„Brauchen Sie beim Einkaufen Hilfe?"* Durch die Kategorisierung wird die vorher offene Frage jedoch zur geschlossenen Frage, die nur noch mit ja/nein beantwortet werden kann.

Auch **geschlossene, standardisierte Fragen** sollten kurz sein, keine Nebensätze und keine Fremdwörter enthalten, aktiv formuliert sein und mit konkreten Beispielen verknüpft sein.

**Beispiel:**

|  | ja | nein | Weiß nicht |
|---|---|---|---|
| Können Sie jederzeit Essen und Trinken aus der Küche holen? |  |  |  |

Das Wort „jederzeit" ist teilweise zu abstrakt – hier würde eine konkrete Situation hilfreich sein. Der Nachteil ist jedoch, dass der Satz länger wird.

|  | ja | nein | Weiß nicht |
|---|---|---|---|
| Können Sie abends um Zehn noch einen Joghurt aus dem Kühlschrank holen? |  |  |  |

**Ein anderes Beispiel:**

|  | ja | nein | Weiß nicht |
|---|---|---|---|
| Gibt es feste Essenszeiten, an die Sie sich halten müssen? |  |  |  |

Hier sind zwei Fragen in einer Frage enthalten. Ich würde daraus zwei Fragen formulieren.

|  | ja | nein | Weiß nicht |
|---|---|---|---|
| Gibt es feste Essenszeiten? |  |  |  |
| Können Sie auch später essen? |  |  |  |

Bei geschlossene Bewertungsfragen ist es hilfreich, mit zusätzlichen Symbolen wie zum Beispiel mit Smileys zu arbeiten.

| | gut ☺ | sclecht ☹ |
|---|---|---|
| Wie gefällt Ihnen Ihr Zimmer? | | |

Für eine dreier Antwortkategorie, die eine Mitte zulässt, könnte man noch zwischen „gut" und „schlecht" die Antwortkategorie „mittel" einfügen. Die Smileys unterstützen dabei bildlich die jeweilige Bewertung.

Genauso kann es sein, dass eine befragte Person die Frage „Wie alt sind Sie?" im Einzelfall nicht beantworten kann. Hier müssen Sie entweder mit einem „missing" leben oder Sie können die befragte Person fragen, ob Sie dies jemand Anderen, z. B. die Mitarbeiter fragen dürfen. Sie brauchen dazu in jedem Fall die Zustimmung der befragten Person.
Bevor Sie tatsächlich in die Erhebungsphase gehen, wäre es sinnvoll, den Fragebogen bzw. Interviewleitfaden mit Vertretern der Zielgruppe zu testen und gegebenenfalls zu überarbeiten.

Die Ausführungen zum Thema Interviewleitfaden oder Fragebogen in Leichter Sprache haben nicht den Anspruch, vollständig zu sein. Sie sollen lediglich die Schwierigkeiten und Stolpersteine bei der Formulierung von Fragestellungen für Menschen mit Lernschwierigkeiten aufzeigen und ein paar Tipps mit auf den Weg geben.

Wie bereits erwähnt, halte ich Beratungskonzepte, psychotherapeutische Verfahren oder auch Hilfeplanung in Leichter Sprache für genauso wichtig und spannend und sehe in diesem Bereich noch großen Handlungsbedarf.

Aber am wichtigsten halte ich den grundsätzlichen Willen, den Anderen zu verstehen und ihm die Chance zu geben, mich zu verstehen. Meine Erfahrung als Forscherin und als Mensch ist es, dass gerade Menschen mit Lernschwierigkeiten mir gegenüber viel Geduld aufbringen, wenn sie fühlen, dass ich ein tatsächliches Interesse an ihrem Leben und an ihrer Sicht der Dinge habe.

## Literatur

Cloekes, Günther: Soziologie der Behinderten. Eine Einführung, Heidelberg 1997

Honneth, Axel: Kampf um Anerkennung, Frankfurt am Main 1994

Witzel, Andreas: Verfahren der qualitativen Sozialforschung. Überblick und Alternativen, Frankfurt/New York 1982

Silvia Bender

# „Ich erzähle dir die Welt" – gelingende psychomotorische (Sprach-) Entwicklungsbegleitung

Ein psychomotorischer Zaubermoment: Lea, 2,8 Jahre, beobachtet, wie andere Kinder über eine Leiter klettern, die in 1,70 m in einem Klettergerüst befestigt ist. Lea traut sich heran. Sie klettert auf die Leiter, hält sich mit den Händen fest und ertastet vorsichtig, Fuß für Fuß und Hand für Hand ihren Weg über die Leiter. Ihre Psychomotorikerin steht neben der Leiter, die Hände und Arme unter den Sprossen, den Körper dicht an der Leiter, den Blick auf Lea gerichtet. Sie begleitet Lea mit Lächeln und immer wieder sprachlichen Äußerungen: „Du kletterst die Leiter immer höher."

„Jetzt bist du noch höher, ganz hoch. Ich sehe, du bleibst dran…".
Immer wieder guckt Lea kurz zu ihr und bekommt ein aufmunterndes Nicken als Antwort. Am Ende der Leiter angekommen, klettert Lea herunter, rennt durch den Raum und ruft freudestrahlend: „Ich hab´s geschafft, ganz hoch, höher, ich hab´s ganz allein geschafft!"

Wie gelingen solche Momente in der Psychomotorik? Oder überhaupt in der (Sprach-)Entwicklungsbegleitung? Braucht es dazu sehr viel Fachwissen des Psychomotorikers über Sprachentwicklungsprozesse? Braucht es viele, viele Sprachspielideen? Braucht es ein offenes Ohr und ein offenes Auge?

Oder braucht es einfach nur Intuition und Vertrauen in die eigenen kommunikativen Fähigkeiten?
Schauen wir einmal genauer hin und begeben uns auf Spurensuche.

Die Psychomotorik mit ihrem zentralen Blick auf die Bewegung bietet den Anfang dieser Spurensuche. Wir entdecken Prinzipien, die den Menschen zentral mit der Frage seiner eigenen Entwicklung konfrontieren und ihm Möglichkeiten bieten, sich aktiv damit auseinanderzusetzen. Der „Akteur der eigenen Entwicklung" (Zimmer, 1998) sein, die eigenen Fähigkeiten entdecken und selbstwirksam erleben und dies freiwillig und mit eigenem, individuellen Tempo. Bewegung ist die „vorrangige, ja einzige Art des Menschen, auf die Welt einzuwirken und sich rückwirkend in und durch sie zu erfahren" (Seewald, 2000, 94). Sich in und durch Bewegung zu erleben, setzt Möglichkeiten frei und entfaltet Entwicklungspotentiale aus den eigenen Ressourcen heraus.

Sich selbst als wirksam und kompetent zu erleben, ist eines der wichtigsten Elemente menschlicher Entwicklung. Das Erleben von Wirksamkeit löst meist eine hohe Befriedigung aus. Selbstwirksamkeit öffnet Möglichkeiten der eigenen Problemlösung und trägt dazu bei, Handlungsstrukturen und Interaktionsstrukturen zu erproben, zu erleben und zu verarbeiten.

Handlungsstrukturen bilden zu können, ist einer der wesentlichen Faktoren für gelingenden Spracherwerb, da Sprache auf der Ebene der Repräsentation im Kopf ein Handlungsinstrument – und der gemeinsamen Vorstellungsraum von Interaktionspartnern ist.

Also ist auch Bewegung und Selbstwirksamkeit ein Faktor gelingender (Sprach-) Entwicklungsbegleitung?

Eine Orientierung an der Entwicklung könnte eine weitere Spur auf der Suche nach dem Gelingen darstellen. Nach Aarts (1999) können nur auf der Basis von „natürlichen" Entwicklungsprozessen Fähigkeiten aktiviert werden.

Bei dieser Annahme spielt die Fähigkeit von Menschen, sich anhand von natürlichen Ressourcen eigenaktiv und aus eigener Kraft heraus entwickeln zu können, eine zentrale Rolle. Wesentlich für eine solche Betrachtungsweise ist die Kompetenz, den individuellen Entwicklungsprozess zu erkennen und aus dem Verhalten von Kindern Schlüsse für entsprechende Entwicklungsbotschaften zu ziehen. In diesen Botschaften Ressourcen und Chancen zu sehen, könnten wesentliche Faktoren für gelingende Entwicklung sein. Nur Dinge die schon entwickelt wurden, können Grundlage von Förderung sein.

Diese wären dann in der Gestaltung einer anregungsreichen und herausfordernden, motivierenden und einladenden Umgebung zu berücksichtigen. Daraus ließe sich folgern, dass Entwicklung besonders gut gelingt, wenn es möglich ist, Kindern ein herausforderndes, aber auch zu bewältigendes Angebot zu machen. Hierbei kann auf die Interessen des Kindes eingegangen werden – es ist viel spannender eine Welt zu entdecken und in Worte zu fassen, die ganz besonders interessiert und herausfordert.

Unter diesem Aspekt könnte es unbedingt notwendig sein, keine vorgefertigten Sprachangebote zu implizieren, sondern dort die Sprachkompetenzen der Kinder zu erweitern, wo sie selbst mit ihrer Motivation unbedingt dabei sind. Es gilt vielleicht herauszufinden, was ein Kind besonders gut kann und womit es sich besonders gerne auseinandersetzt.

Also Wissen um die Interessen und Ressourcen eines Menschen und die Gestaltung einer anregungsreichen, vielfältigen Umgebung als Gelingensfaktor?

Wenn wir der Spurensuche folgen, begegnen wir immer auch dem psychomotorischen Dialog und der Gestaltung von Beziehungsprozessen.

Aucoutourier (1981) prägte in der französischen Psychomotorik den Satz „Der tonische Dialog ist der Moment des Dialogs im Moment des Dialogs".

Dieses Zitat bezieht sich auf Abstimmungsprozesse im Dialog, die implizit und leiblich erfolgen. Gesehen und wahrgenommen zu werden, ist ein zutiefst verwurzeltes Bedürfnis des Menschen, welches durch ein dialogisches Miteinander erfüllt werden kann. Dialogische Begleitung sichert und stützt Entwicklungsprozesse durch Annahme und Offenheit, aber auch durch Klarheit und Struktur. Sich auf ein Kind einzulassen, ihm in seine Welten zu folgen und seine eigenen Aktivitäten zu „erspüren", dem Kind einen klaren Handlungsrahmen zu bieten und damit sichernde Struktur, das alles sind offenbar wichtige Spuren, wenn es darum geht, herauszufinden, wie Entwicklung gelingen kann. Dies bezieht explizit auch die Sprachentwicklung mit ein, wenn über die tonische Interaktion erspürt werden kann, wofür der Mensch sich interessiert, wie sein Gefühle sind und was er aktuell wahrnimmt.

Diese Wahrnehmungen in Worte zu fassen, sind Auftrag gelingender Sprachentwicklungsbegleitung aus alltäglichen Interaktionen heraus.

Trägt zum Gelingen von Sprachentwicklungsbegleitung daher Dialog und Interaktion bei?

Eine lohnenswerte Methode zur Analyse von „Gelingensspuren" sind Videoaufnahmen und die genaue Fokussierung auf Entwicklungsbotschaften und Interaktionsmomente. Mit Hilfe der Videointeraktionsanalyse lassen sich kleine Momente finden, in denen Entwicklungsbegleitung gelingt und vor allem – warum sie gelingt. Die Marte Meo Methode aus den Niederlanden arbeitet schon seit fast 20 Jahren mit der Videointeraktionsanalyse und lässt die Spuren von Zaubermomenten sichtbar werden. In Videobildern kann an konkreten Situationen gearbeitet werden, Erlebtes und Gespürtes wird „sichtbar" und bietet die Möglichkeit, Entwicklungsbotschaften klientelbezogen und ressourcenorientiert zu lesen und entsprechende konkrete Angebote zu entwickeln.

**1. Emotionalen Anschluss machen, Kontakt herstellen**
Mit einem Lächeln, offener Haltung, Humor – denn nur im Kontakt mit dem Gegenüber auf verbaler, nonverbaler und bewegter Ebene können wir uns auf den Entwicklungsweg begeben.

**2. Positive Atmosphäre schaffen**
Ein vorbereiteter Raum mit einladendem Material, nach den Wünschen und Erwartungen fragen, eine zugewandte Körpersprache zu nutzen ermuntert Kinder, sich in eine „Entwicklungsstimmung" zu begeben. In positiver Atmosphäre gestützt durch die Aufmerksamkeit des Erwachsenen, Verbalisierung von Gefühlen und Handlungen kann das Kind sich sicher genug fühlen, um sich auf das spannende Abenteuer neuer Entwicklungen einzulassen.

**3. Initiativen wahrnehmen, sie erkennen und ihnen folgen**
Dem Blick des Kindes oder seinen Handlungen folgen, diese zu verbalisieren und dabei die eigenen Ziele und Interessen zurückzustellen, eröffnet die Möglichkeit, die Welt des Kindes kennenzulernen. Der Erwachsene erfährt, auf welchen Ebenen er das Kind noch unterstützen und bekräftigen kann.

Die innere Welt des Kindes kann wachsen, wenn im Dialog die emotionale Botschaft „Du bist mir wichtig" spürbar ist.

## 4. Benennen der inneren und äußeren Welt, Benennen eigener und sozialer Initiativen

Für die menschliche Entwicklung braucht es VerANTWORTung.

Durch Verbalisieren von Tätigkeiten, Interessen oder Handlungen der Kinder wird das Gesehene, Gehörte und Erlebte bewusst gemacht. Das Benennen ermöglicht auf diese Weise, Wörter und Ausdrucksmöglichkeiten für die innere und die äußere Welt, Gefühle oder leibliches Erleben zu finden.

Dies trägt dazu bei, dass das Kind sich selbst besser verstehen und kennen lernt, seine Fähigkeiten und Ressourcen benennen kann und eine Zugehörigkeit zu anderen erfährt.

Durch Benennen sozialer Bezüge lernen Kinder, auch andere Menschen und deren Bedürfnisse und Erlebnisse wahrzunehmen, sich darauf einzustellen und eine Perspektive für den anderen zu entwickeln.

Die eigenen Initiativen zu benennen hilft den Kindern, sich auf Kommendes einzustellen, eine Vorstellung zu entwickeln und abwarten zu können.

## 5. Positiv Leiten, Struktur geben, Schritt für Schritt anleiten

Durch positives, klares Leiten wird die Entwicklung sozialer Modelle unterstützt und den Kindern ein sichernder Rahmen gegeben. Hier geht es nicht darum, den Initiativen des Kindes zu folgen, sondern zu sagen, wie es sein soll. Klares, positives Leiten gibt Hilfe bei der Entwicklung eigener innerer Struktur und neue Verhaltensmodelle können leichter erlernt werden, wenn sie Schritt für Schritt gegangen werden können.

## 6. Bestätigen

Wenn gewünschte soziale Verhaltensmster gezeigt werden oder eine Aktion gelungen ist, wird dies bestätigt. So gelingt es, Verhaltensweisen oder Handlungsstrategien zu verinnerlichen und bewusst werden zu lassen. Im Zusammenhang mit der Selbstwirksamkeit manifestiert sich ein positives Selbstkonzept und Vertrauen in die eigenen Fähigkeiten.

Es sind auf diese Weise viele Spuren zu finden, wenn es um gelingende (Sprach)Entwicklungsbegleitung geht – integriert in den Alltag und losgelöst von jeglichen Übungsprogrammen. Sprachentwicklung findet im Alltagskontext statt, indem Menschen voneinander mitbekommen, was wichtig für die gemeinsame Zeit ist. Je nachdem wohin unser Blick schweift und in welchem

Kontext wir uns um das Gelingen von Entwicklungsbegleitung bemühen, sei es in der Arbeit mit Kindern unter drei Jahren, bei Kindern mit Sprachstörungen, bei Menschen mit Behinderungen oder Demenz – letztendlich geht es stets darum, miteinander zu „erzählen".

Hilfreich für die gelingende (Sprach-)entwicklungsbegleitung könnten einige „Regeln" sein:

- Lächeln und Zuwenden, Blickkontakt
- mit der Stimme spielen
- angemessene Worte finden
- Zeit lassen
- Zeichen beachten
- Humor und Gelassenheit
- aufmerksam sein und bleiben

Bei allem Einsatz für die Bedürfnisse und Kontexte des Kindes / Gegenübers, ist es jedoch unbedingt notwendig, auch bei uns selbst zu suchen.

Wann gelingt mir etwas im Kontext meiner psychomotorischen Entwicklungsbegleitung und wie gelingt es mir? Welche Voraussetzung brauche ich selbst, um gelingend arbeiten zu können? Vielleicht sind es ähnliche „Spuren" der Selbstsorge, die das Gelingen auch für den Begleiter ausmachen und tragen. Faktoren wie Sicherheit in der fachlichen Kompetenz und viele Ideen im Rucksack zur Gestaltung von anregungsreichen Settings. Daneben Zeit und Gelegenheit, zur Wahrnehmung von Prozessen und den Austausch mit Kollegen oder Freunden. Die Wertschätzung der eigenen Arbeit und das Gefühl der Selbstwirksamkeit, der Möglichkeit eigene Ideen einbringen zu dürfen und die eigene Entwicklung zu spüren, sind ebenso bei den Kindern, wie auch den Begleitern ein offenbar wesentliches Element des Gelingens.

Wir werden uns weiterhin auf Spurensuche nach dem Gelingen begeben, nach dem Wie und dem Was und dem Warum.

Erinnerung an den anfänglichen Zaubermoment: Während Lea begeistert durch den Raum flitzt, stiehlt sich ein strahlendes Lächeln auf das Gesicht der Psychomotorikerin – ein gelungener, bewegter und bewegender Augenblick.

**Literatur:**

Aarts, M. (2011): Marte Meo Ein Handbuch. Eindhoven: Aarts Productions

Bender, S., Martzy, F., Schache, S. (2013): Psychomotorik – arbeiten mit Kindern von 0 bis 3 Jahren. Köln: Bildungsverlag 1

Seewald, J. (2000): Durch Bewegung zur Identität? Motologische Sichten auf das Identitätsproblem. In: Motorik, 23 (2000)3, 94-101

Jessel, H. (2014): Glück und Gelingen in der Psychomotorik(PDF).

# Julia Schellen
# Sprachentwicklung und Unterstützte Kommunikation

## Was ist Sprache

Kinder mit fehlender oder schwer verständlicher Lautsprache können genauso Sprache erwerben wie Kinder ohne Beeinträchtigungen. Oftmals benötigen sie jedoch Unterstützung in Form eines speziell aufbereiteten sprachlichen Inputs und ein Modell im Umgang mit alternativen Kommunikationsformen oder -hilfen. Viele Kinder benötigen lediglich eine Zeit lang bestimmte Hilfsmittel, beispielsweise um die Funktion von Sprache zu entdecken oder in der Aussprache so gut zu werden, dass sie von allen verstanden werden.

Etta Wilken (2010) gibt daher eine weit gefasste Definition von Sprache, die die Maßnahmen der Unterstützten Kommunikation mit einbezieht:

„Sprache ist ein speziesspezifisches Kommunikationssystem, das auf festgelegten Symbolen beruht. Gleich ob es sich dabei um Gebärden, Wörter oder optische Zeichen handelt, repräsentieren diese Symbole die Dinge, Handlungen, Abfolgen und Beziehungen. Sprache ist eine wesentliche Grundlage für das bedeutungsbezogene Verarbeiten von Wahrnehmungen, damit flüchtige Sinneseindrücke gespeichert werden können. Sie ist wichtig für das Vergleichen und Bewerten, für das Erinnern sowie die Bildung von Kategorien und ist eine wesentliche Voraussetzung für vielfältige kognitive Leistungen. Allerdings sind diese Funktionen nicht gebunden an die Lautsprache, sondern an das Vorhandensein eines differenzierten Symbolsystems. Deshalb können Menschen ohne Lautsprache auch mit anderen Sprachsystemen entsprechende kognitive Fähigkeiten entwickeln.

Zudem ist ein gutes Sprachverständnis und eine normale Sprachkompetenz keineswegs abhängig von Sprechfähigkeit." (Wilken 2010).

Hier wird deutlich, dass Sprache, Kognition und Wahrnehmung besonders in der frühen Kindheit sehr eng miteinander verbunden sind. Viele Forschungsergebnisse legen daher auch nahe, frühzeitig zu intervenieren, um Langzeitfolgen abzuschwächen oder sogar abzuwenden (vgl. Sachse 2015).

## Der reguläre Spracherwerb

Einige Annahmen zum Spracherwerb haben sich mittlerweile durchgesetzt:
- Kinder erwerben Sprache überwiegend unabhängig von kulturellen und sozialen Unterschieden in ihren ersten vier bis fünf Lebensjahren.
- Sprache entwickelt sich aus dem Zusammenspiel von ererbten Anlagen oder Prädispositionen und bestimmten Umweltfaktoren (Sichtweise sog. Emergenzmodelle).
- Besonders bedeutsam für die Sprachentwicklung ist die Interaktion zwischen dem Kind und seinen engen Bezugspersonen, da Sprache eine soziale Fähigkeit ist (Sozialpragmatischer Ansatz nach Tomasello).
- Das Kind verfügt in seiner frühen Entwicklung über wirkungsvolle Lernmechanismen, mit denen es die Sprache seiner Umwelt gezielt verarbeitet, z. B. das sog. Bootstrapping.
- Es gibt sensible Phasen oder biologische Zeitfenster für bestimmte sprachliche Strukturen. (vgl. Nonn 2011)

Der Spracherwerb erfolgt auf allen linguistischen Ebenen parallel. Es zeigen sich jedoch bestimmte hervorstechende Phasen (s. Abbildung 1):

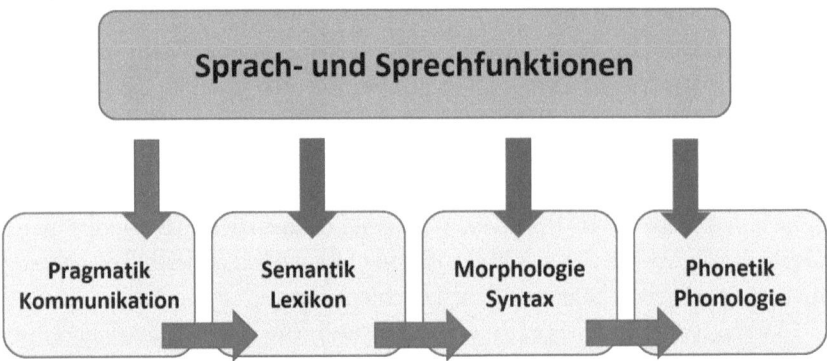

**Abb.1:** Linguistische Ebenen von Sprache und Übergänge in der Sprachentwicklung

Im Spracherwerb müssen zunächst bestimmte Vorausläuferfähigkeiten erworben werden, um andere Lernmechanismen auslösen zu können.
In der ersten ungerichteten Interaktion mit seinen Bezugspersonen entwi-

ckelt der Säugling pragmatisch-kommunikative Kompetenzen. Hierzu zählen die Objektpermanenz (auch wenn er etwas nicht sehen kann, weiß der Säugling, dass es noch da ist), der gemeinsame Aufmerksamkeitsfokus bzw. die Triangulation (Mutter und Baby richten ihre Aufmerksamkeit auf ein Objekt und können sich später mit Blicken oder Lauten darüber verständigen) und Protodialoge mit dem sog. Turn-Taking (das Baby lernt, dass Sprache wechselseitig ist und erste „Gespräche" finden beispielsweise auf der Wickelkommode mit Lauten statt).

Die Bezugspersonen deuten dabei intuitiv die Bewegungen und Laute als absichtsvoll. Das Baby erfährt, dass etwas geschieht, wenn es sich bewegt oder äußert: Das Mobile bewegt sich, wenn es strampelt (führt zu intentionalem Verhalten) oder es wird z. B. gefüttert, bekommt Aufmerksamkeit, etc., wenn es weint (führt zu intentionaler Kommunikation). Hierdurch entwickeln sich u.a. das Ursache-Wirkungs- sowie das Mittel-Zweck-Verständnis. All diese Entwicklungsschritte führen im Laufe des ersten Lebensjahres dazu, dass das Kind erkennt, dass es mit Sprache etwas bewirken kann und daher Kommunikation intentional einzusetzen lernt. (vgl. Schellen, Schmidt, Wilke 2015)

Auch wenn die Hauptphase der Übergang von der Pragmatik zur Semantik darstellt, muss das Kind auch auf anderen Ebenen Entwicklungsschritte vollziehen. So führt im Bereich der Phonologie die Schrei- und Lallentwicklung zu Silbenduplikationen und –kombinationen.

Parallel dazu erkennt der Säugling auditiv Wort- und Satzgrenzen in der gesprochenen Sprache, dies leitet den produktiven Spracherwerb ein. (vgl. Sachse 2015)

Da mit dem Intentionalitätsprinzip auch die Symbolfunktion von Sprache erkannt wurde, beginnt das Baby im Laufe des zweiten Lebensjahres erste Wörter zu bilden, z. B.: Mama, da, weg, Kuckuck oder nane (für Banane).

Ein Wendepunkt tritt in der Regel nach dem Erwerb der ersten 50 produktiven Wörter zwischen dem 18. Und 24. Lebensmonat ein. Die ersten Wörter hatten für das Kind eine hohe affektiv-soziale Bedeutung. Diese Anzahl kann noch weitgehend unsortiert im mentalen Lexikon des Kindes gespeichert sein und es können zu enge (mit „Ball" bezeichnet das Kind nur seinen eigenen roten Ball, andere Bälle benennt es nicht so) oder zu weite Wortkonzepte (mit „Ball" bezeichnet das Kind alles, das rund ist, z. B.

auch den Mond) bestehen. (vgl. Sachse 2015).

Es kommt um die 50 Wörtergrenze in der Regel zu einem sprunghaften Wortschatzanstieg (sog. Vokabelspurt oder Wortschatzexplosion). In dieser Zeit kann ein Kind fünf bis zehn neue Wörter am Tag lernen, dies erfordert sodann eine ständige Reorganisation des mentalen Lexikons und den Aufbau von semantischen Verknüpfungen und thematischen Kategorien.

Mit der Zunahme des passiven und aktiven Wortschatzes wird es dem Kind möglich erste Wortkombinationen zu bilden. Dabei erwirbt es implizit von Anfang an die Grammatikregeln der Umgebungssprache, so dass das Kind syntaktische und morphologische Regeln von Beginn an korrekt anwendet.

Es kann nun unendlich viele Sätze produzieren. Dabei gibt es sog. Übergangsgrammatiken. Diese deuten darauf hin, dass das Kind in seinem Spracherwerb gerade eine bestimmte Regel „knackt": So weiß es implizit bereits, dass es für den Plural etwas am Wort ändern muss und sagt beispielsweise „Autos", aber auch „Baums". Hieraus kann gefolgert werden, dass das Kind bereits die Pluralregel verinnerlicht hat, dass es am Wort etwas ändern muss, wenn es viele sind, aber es beherrscht noch nicht alle Pluralformen des Deutschen.

Bis zum fünften Lebensjahr verfeinert und erweitert das Kind nun seinen rezeptiven und produktiven Wortschatz, seine grammatikalischen Fähigkeiten sowie sein phonetisches Lautrepertoire.

Mit sechs Jahren hat das Kind alle Laute und Lautverbindungen der Muttersprache rezeptiv erworben und kann sie produktiv richtig realisieren. Parallel zu den Haupterwerbsphasen baut sich die phonologische Bewusstheit auf.

In Kniereiterspielen, Liedern und Abzählreimen hört das Kind beispielsweise Reime und lernt diese selber zu bilden. Es kann Wörter in Silben zerlegen und zusammensetzen sowie An- und Auslaute in Wörtern erkennen.

Schließlich kann es Wörter in ihre gesamten Laute zerlegen und zusammensetzen. Die Schulreife zeigt sich im Übergang von der phonologischen Bewusstheit in den Schriftspracherwerb. Literacyerfahrungen macht es seit seiner Geburt. (vgl. Nonn 2010).

## Spracherwerb unterstützt kommunizierender Kinder

Der Lautspracherwerb von Kindern kann bereits sehr früh durch eine körperlich-motorische, etwa bei einer cerebralen Bewegungsstörung, oder auch eine geistige Behinderung im Rahmen eines Syndroms, beeinträchtigt sein.

Oftmals gehen weitere Sinnesbeeinträchtigungen, gesundheitliche Erkrankungen sowie ein erhöhter Pflegebedarf einher.

Dies führt zu einer veränderten oder zu weniger Gelegenheiten der Interaktion und in der Folge zu Interaktionsschwierigkeiten mit den Eltern. Durch „Veränderungen in Mimik, Gestik, Körperspannung und Lautieren (…), fällt es den Bezugspersonen schwerer, die kindlichen Äußerungen sicher kommunikativ zu deuten (vgl. Konrad 2002, 49f).

Unsicherheit darüber, ob ein Kind eine Situation verstanden hat und ob es Ablehnung oder Zustimmung zeigt, erschwert das Gestalten von Kommunikationssituationen, die auf Fähigkeiten und Bedürfnisse des Kindes abgestimmt sind" (Schellen, Schmidt, Willke 2015, 147).

So kommt es beispielsweise durch eine eingeschränkte Willkürmotorik zu weniger Situationen der geteilten Aufmerksamkeit, da das Kind sich z. B. nicht zu dem benannten Objekt hinwenden kann. Hierdurch erfährt es „weniger sprachlichen und situationsbezogenen Input" (Nonn 2011, 35).

Kann es sich nicht schnell genug hinwenden, spricht man von Schwierigkeiten in der zeitlichen Abfolge von Motorik und Aufmerksamkeitssteuerung beim referenziellen Bezug.

Bei taubblinden Kindern besteht u.a. eine große Diskrepanz in der simultanen Wahrnehmungsverarbeitung. Sie können eine Handlung oder ein Objekt zunächst erfahren bzw. ertasten und erst danach per taktilem Gebärden mit der Bezugsperson das Wort dafür erfühlen.

Aufgrund der Beeinträchtigungen kommt es häufig zu idiosynkratischen, also nicht typischen oder standardisierten Kommunikationsversuchen des Kindes. Diese können nicht von den Bezugspersonen gedeutet, vielleicht auch von unterschiedlichen Personen verschieden gedeutet werden oder sie werden gar nicht als solche wahrgenommen. Dies führt zu der sog. erlernten Hilflosigkeit und Passivität. Da die nicht sprechenden Kinder wenig Rückmeldung erhalten, stellen sie ihre Kommunikationsversuche mit der Zeit ein. Dies führt dazu, dass die Bezugspersonen noch aktiver werden und immer neue Dinge ausprobieren, um das Kind zu aktivieren und viele

Dinge für es entscheiden und machen, auf Grund seiner Behinderung. (vgl. Nonn 2011 und Haupt 1993)

Das Kind ist dann auch in dem Erleben seiner Selbstwirksamkeit eingeschränkt und erhält weniger Möglichkeiten aktiv zu werden (siehe Abb.2).

Dies betrifft nicht nur Kinder mit einer Körperbehinderung, sondern findet sich ebenso in Forschungsergebnisse mit Late-Talkern und dem Interaktionsstil ihrer Eltern wieder (vgl. Sachse 2015, S.187ff.)

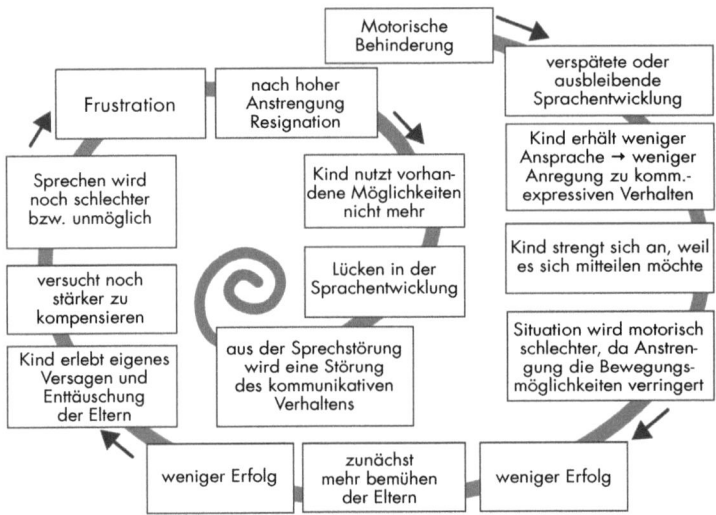

**Abb.2:** Mögliche Spirale der Kommunikationsentwicklung bei Kindern mit einer motorischen Beeinträchtigung (aus: Haupt 1993)

Kinder mit persistierenden frühkindlichen Reflexen können zudem ihre Umwelt viel weniger explorieren als Kinder ohne Beeinträchtigung. Ihnen fehlen wichtige alltägliche Erfahrungen, die zu Sprechanlässen mit ihren Bezugspersonen führen würden.

So konnten Boenisch, Musketa und Sachse (2007) belegen, dass der Präpositionsanteil im Sprachgebrauch von lautsprachlich kommunizierenden Kindern mit einer Körperbehinderung deutlich geringer ist, als der von Kindern ohne Beeinträchtigung. Dies deutet darauf hin, dass sie beispielsweise weniger Erfahrungen in der Raum-Lage-Beziehung von sich selber, z. B. beim verstecken Spielen, und von Objekten haben, also Situationen in denen die Bezugspersonen etwas konkret benennen wie: *„Bist du hinter der Tür oder unter dem Tisch".* oder *„Lege das Messer bitte neben den Teller",* etc.

Nutzt ein Kind bereits eine alternative Kommunikationsform wird die Kommunikation zusätzlich verlangsamt, da es nicht zu der klassischen Triangulierung zwischen den beiden Kommunikationspartnern und einem Objekt kommt, sondern das Hilfsmittel miteingebunden werden muss, so dass man von einer Quadrangulierung spricht (vgl. Abbildung 3).

Da die Kinder ohnehin oftmals Schwierigkeiten bei der zeitlichen Organisation und Integration von Reizen haben, erschwert diese Anforderung den Spracherwerb zunächst zusätzlich. Langfristig ist eine Kommunikation ohne Hilfsmittel nicht möglich.

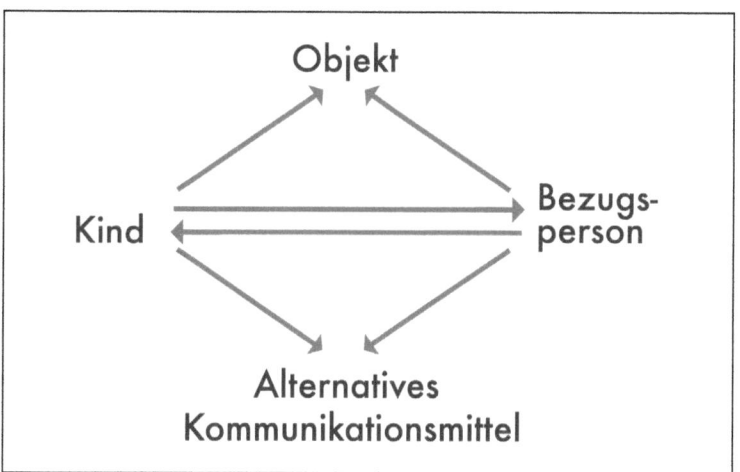

**Abb.3:** Quadrangulärer Blickkontakt unterstützt kommunizierender Personen (aus Schellen, Schmidt, Willke 2015, S. 150)

## Asymmetriehypothese

Eltern lautsprachlich kommunizierender Kinder interagieren mit ihnen in der Regel intuitiv. Sie passen ihre Stimmlage und Lautstärke an, vereinfachen die Satzstrukturen und wiederholen die wichtigen Elemente ihrer Aussagen. Grimm unterscheidet daher die Ammensprache, die stützende sowie die lehrende Sprache, d.h. die Bezugspersonen passen ihre Inputsprache intuitiv entsprechend dem Alter und Entwicklungsstand des Kindes an (vgl. Sachse 2015).

Das lautsprachlich kommunizierende Kind wird so optimal in der Zone der nächsten Entwicklung gefördert und kann sowohl passiv als auch aktiv Fortschritte machen (vgl. Schellen, Schmidt, Willke 2015).

„Ein unterstützt kommunizierendes Kind dagegen nimmt ebenfalls von seinem sozialen Umfeld Lautsprache auf und verarbeitet sie rezeptiv; aber expressiv wird von dem Kind erwartet – häufig bereits ab dem ersten Tag (Sachse u. Boenisch 2009) –, dass es seine alternative Kommunikationsform wie z. B. Gebärden, Kommunikationstafel/-ordner oder eine elektronische Hilfe einsetzt.

Für diese alternative Form fehlt ihm aber ein Modell" (Nonn 2011, 37).

Die Asymmetrie in der Kommunikation kommt zustande einerseits durch die unterschiedlichen Ausgangslagen von Kindern mit und ohne eine körperlich-motorische und/oder kognitive Beeinträchtigung sowie andererseits durch das fehlende parallele Nutzen von Lautsprache und alternativem Hilfsmittel im Sinne des Modellings durch die Bezugspersonen.

## Interventionsmöglichkeiten

In mehreren Studien konnte mittlerweile belegt werden, dass Kinder mit einem frühen geringen Wortschatz auch im Alter von zwei bis drei Jahren noch einen geringen Wortschatzumfang aufweisen (vgl. Sachse 2015).

Für Kinder mit eingeschränkter Lautsprache bedeutet dies, dass die Bezugspersonen konsequent die Ausdrucksform bzw. das Hilfsmittel der unterstützt kommunizierenden Person mitnutzen und ihre Ansprache anpassen müssen, damit sich der Wortschatz signifikant im Umfang erweitern kann. Dieses Modelling in Alltagssituationen, zeigt dem unterstützt Kommunizierenden,

**a)** wie er mit der Hilfe umgehen,

**b)** in welchen Situationen er sie nutzen kann,

**c)** wo das benötigte Vokabular gespeichert ist und

**d)** wie es dieses grammatikalisch richtig kombinieren kann.

Hierfür müssen jedoch echte kommunikative Situationen genutzt werden, wie sie alltäglich beim Essen, Spielen, Aufräumen, Einkaufen, etc. vorkommen. Arrangierte Übungssituationen ohne den kommunikativen Kontext sind hierfür nicht geeignet und in der Regel nicht hochfrequent genug. (vgl. Sachse, Willke 2011).

Untersuchungen von Boenisch zur Zusammensetzung des Vokabulars und der Anordnung auf den Kommunikationshilfen belegen, dass das sog. Kernvokabular unbedingt frühzeitig auf den ergänzenden oder ersetzenden Kommunikationsformen angeboten werden muss. Es sollte schnell zugänglich sein und nicht erst durch das Suchen in verschiedenen Unterordnern die Kommunikation verlangsamen. Darauf aufbauend kann in semantischen Feldern das Randvokabular vertieft werden (vgl. Boenisch, Sachse, Musketa 2007).

Weiterhin müssen elektronische Kommunikationshilfen schon früh das Experimentieren mit Sprache zulassen, wie beispielsweise das Ausprobieren unterschiedlicher grammatikalischer Formen des Deutschen für ein Wort.

So wird das Kind angeregt, auditiv abzugleichen, was es selber gesagt hat und wie seine Mitmenschen es sagen. Darüber hinaus sollte das Hilfsmittel immer mehr Wörter zur Verfügung stellen, als das Kind aktuell nutzt.

Dies entspricht Vygotskis These der „Zone der nächsten Entwicklung" (vgl. Schmidt, Schellen, Willke 2015). Es kann dann eigenständig neue Wörter kennenlernen und deren Wirkung erproben. Da eine exakte Diagnostik über den genauen Wortschatzumfang auch bei nicht beeinträchtigten Kindern nicht möglich ist, weiß man nie genau, was das Kind eventuell bereits kann, aber noch nicht in allen Situationen gezeigt hat, d.h. eine exakte Bezifferung des rezeptiven und produktiven Wortschatzes ist nie möglich. Die Reduktion einer Kommunikationstafel auf sechs Felder, um das Kind nicht zu überlasten, ist daher völlig willkürlich von den Bezugspersonen. Eine Überforderung kann umgangen werden, wenn die Bezugspersonen sich auf einen gemeinsamen Wortschatz festlegen, der im Fokus der Förderung steht und daher konsequent von ihnen gemodelt wird, obwohl noch mehr Wörter auf der Kommunikationsoberfläche zur Verfügung stünden (vgl. Sachse, Willke 2011).

Die Umwelt muss so aufbereitet werden, dass Kommunikation und Lernen möglich sind, d.h. den Kindern sollten so viele reguläre Erfahrungen wie möglich zugänglich sein, nur so können sie parallel die entsprechenden Sinneseindrücke mit dem passenden Wortschatz verknüpfen und ihr Weltwissen aufbauen. Um Kindern mit einer Körperbehinderung vielfältige Erlebniszusammenhänge und Sinnesreize zu ermöglichen, ist es wichtig ihnen zu ähnlichen Material- und Spielerfahrungen wie Kindern ohne Körperbehinderung zu verhelfen.

Dies erfordert einerseits das häufige Umlagern und Assistieren, um in verschiedenen Positionen unterschiedliche Dinge sehen, fühlen und begreifen zu können, z. B. vom Rollstuhl in den Sandkasten, um den Sand, den Matsch, die Eicheln spüren, evtl. auch schmecken zu können, etc. Andererseits müssen die Spielmaterialen zum Kind gebracht werden, wenn es sich nicht selber dorthin bewegen kann, z. B. die Herbstblätter oder der Stall und die Tiere auf den Tisch des Stehständers. Die richtige Positionierung in gut angepassten Hilfsmitteln spielt dabei eine wichtige Rolle, da die Person ihre Aufmerksamkeit nur auf ihre Umwelt richten kann, wenn sie nicht damit beschäftigt ist, die eigene Sitz- oder Stehposition zu halten und/oder sich unsicher fühlt.

## Literatur

Boenisch, J. (2009): Kinder ohne Lautsprache. von Loeper, Karlsruhe.

Boenisch, J., Musketa, B., Sachse, S. (2007): Die Bedeutung des Vokabulars für den Spracherwerb und Konsequenzen für die Gestaltung von Kommunikationsoberflächen. In: Sachse, S., Birngruber, C., Arendes, S. (Hrsg.): Lernen und Lehren in der Unterstützten Kommunikation. Karlsruhe: 355 – 371.

Haupt, U. (1993): Zur Förderung der sprachlichen Entwicklung von Kindern mit cerebralen Bewegungs- und Sprechstörungen. In: Bundesverband für Körper- und Mehrfachbehinderte (Hrsg.): Kinder mit cerebralen Bewegungsstörungen. 1. Eine Einführung. Düsseldorf: 27-34.

Nonn, K. (2011): Unterstützte Kommunikation in der Logopädie. Georg Thieme: Stuttgart.

Nonn, K. (2014): Gesucht wird eine Lokomotive, die den Spracherwerb zieht: Das sozialpragmatische Spracherwerbsmodell von Michael Tomasello als theoretisches Bezugssystem für Unterstützte Kommunikation. In: uk & forschung 3: 24-46.

Sachse, S. (Hrsg.) (2015): Handbuch Spracherwerb und Sprachentwicklungsstörungen: Kleinkindphase. München: Urban und Fischer.

Sachse, S., Willke, M. (2011): Fokuswörter in der Unterstützten Kommunikation. Ein Konzept zum sukzessiven Wortschatzaufbau. In: Bollmeyer, H., Engel, K., Hallbauer, A., Hüning-Meier, M. (Hrsg.): UK inklusive. Teilhabe durch Unterstützte Kommunikation. Karlsruhe: 375-394.

Schellen, J., Schmidt, L., Willke, M. (2015): Kinder mit cerebralen Bewegungsstörungen und Beeinträchtigungen der kommunikativen Entwicklung. In: Hansen. G. (Hrsg.): Grundwissen Cerebrale Bewegungsstörungen. Düsseldorf: 140-172.

Julia Schellen

# Kern- und Randvokabular in der Unterstützten Kommunikation

## Einleitung

Kinder und Jugendliche mit sprachlich-kommunikativen Beeinträchtigungen sind darauf angewiesen, dass ihre familiären und professionellen Bezugspersonen ihren Unterstützungsbedarf erkennen, ihnen adäquate Hilfsmittel zukommen lassen und eine zielgerichtete Förderung im Alltag umsetzen.

Im Rahmen der Interventionsplanung für unterstützt Kommunizierende kommt dem Vergleich mit der Entwicklung und den Möglichkeiten sprechender Kinder eine gewichtige Rolle zu. Eine Grundlage hierfür bietet die spontane (lautsprachliche) Alltagskommunikation von Kindern untereinander sowie mit Erwachsenen.

Daraus können Erkenntnisse zur Wortschatzzusammensetzung, den grammatikalischen Fähigkeiten sowie der Pragmatik gewonnen werden. Die Konsequenzen für die pädagogisch-therapeutische Förderung spiegeln sich u.a. in der Vokabularauswahl und Wortschatzorganisation auf den Kommunikationshilfen wider.

## Aktueller Forschungsstand

Boenisch konnte bereits 2009 anhand einer deutschlandweiten Fragebogenerhebung von LehrerInnen an Schulen mit dem Förderschwerpunkt körperlich-motorische Entwicklung deutlich machen, dass SchülerInnen mit schwer verständlicher oder fehlender Lautsprache vor allem mit Hilfe körpereigener Kommunikationsformen wie Gestik, Mimik und Blickbewegungen am Unterricht teilhaben (vgl. Boenisch 2009). Nichtelektronische sowie elektronische Kommunikationshilfen unterschiedlicher Komplexität wurden den SchülerInnen in wesentlich geringerem Umfang zur Verfügung gestellt.

Eine differenzierte Mitarbeit in allen Unterrichtsfächern oder die Möglichkeit einen anerkannten Schulabschluss zu machen gelingt keinesfalls allein mit körpereigenen Kommunikationsformen. Hierfür werden komplexe Hilfsmittel sowie multimodale Kommunikationsformen benötigt. Auf Grundlage dieser bundesweiten Erhebung entstanden weitere Untersuchungen zum Zusammenhang von Sprachentwicklung und motorischer Beeinträchtigung im Kindergartenalter bzw. geistiger Behinderung im Schulalter.

Die Spontansprache von Kindern und Jugendlichen mit und ohne Beeinträchtigung wurden in einer Spielsituation (Vergleichsstudie von Boenisch, Musketa, Sachse 2007) bzw. im Rahmen eines gewöhnlichen Schultages (Wortschatzstudie Boenisch 2013) per Mikrofon aufgenommen, transkribiert und analysiert. Die einzelnen Ergebnisse beider Studien findet man unter dem Stichwort „Kernvokabularforschung" in der Fachliteratur.

## Kern- und Randvokabular

Die Studienergebnisse zeigen, dass es eine hohe Übereinstimmung des alltäglichen Gebrauchswortschatzes gibt, die unabhängig von Alter, motorischer Beeinträchtigung und kognitiver Entwicklung zu sein scheint. „Kernvokabular bezeichnet die am häufigsten verwendeten Wörter einer Sprache.

Das Kernvokabular macht 80% des Gesprochenen aus und wird unabhängig von der individuellen Lebenssituation und vom Thema flexibel eingesetzt. Es sind vor allem situationsunspezifische Funktionswörter (Pronomen, Hilfsverben, Adverbien, Präpositionen, Artikel, Konjunktionen), die durch einzelne Inhaltswörter (Nomen, Verben, Adjektive) ergänzt werden. In der Regel umfasst das Kernvokabular die 200 – 300 am häufigsten verwendeten Wörter in der lautsprachlichen Kommunikation." (Boenisch 2013).

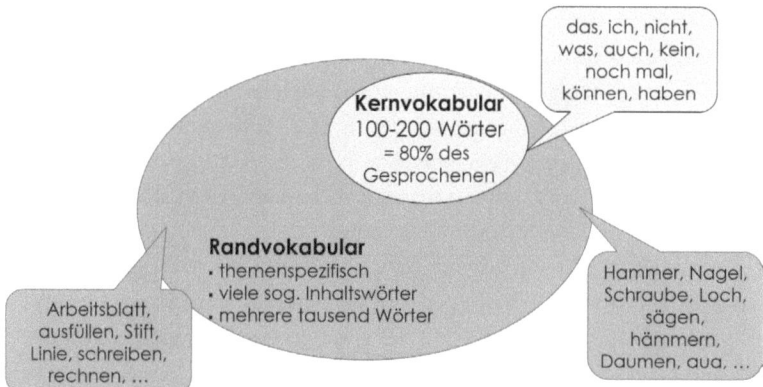

**Abb.1:** Zusammensetzung der Spontansprache mit Kern- und Randvokabular

Das überwiegend aus Nomen, Verben und Adjektiven bestehende themen-spezifische Vokabular wird Randvokabular (s. Abb. 1) genannt. Dieses ist notwendig für eine differenzierte Kommunikation, aber auch nur in Ergän-zung mit Kernvokabular nutzbar.

Entgegen der Annahme, dass mit Kernvokabular, den sogenannten klei-nen Wörtern, nicht viel ausgesagt werden kann, ist es möglich in grammati-kalisch korrekten Sätzen zu sprechen. Da in der spontansprachlichen Kom-munikation überwiegend in eindeutigen und umgrenzten Situationen agiert wird, ist in der Regel beiden Kommunikationspartnern die Bedeutung und der Bezug des Gesagten transparent. Zum Beispiel während des Frühstücks (Kernvokabular ist kursiv geschrieben):

Mutter: „*Möchtest du noch mehr haben?*" (und zeigt dabei auf die Kanne mit dem Kakao).
Kind: „*Nein, ich habe noch.*"
Später:
Kind: „*Jetzt bin ich fertig. Ich will mehr. Mama, kannst du das machen?*"
(Das Kind zeigt zunächst auf die Kakaokanne und dann auf seine Tasse.)
Mutter: „*Ich gebe sie dir und du machst es allein, ok? Du kannst das auch!*"

Dieser Dialog könnte mit fast gleichem Wortlaut mit dem Vater im Werkraum, z. B. beim Hämmern mit Nägeln oder im Unterricht mit dem Lehrer beim Ausfüllen von Arbeitsblättern stattfinden.

Für die Förderung in der Alltagskommunikation sprachentwicklungsverzögerter und unterstützt kommunizierender Kinder und Jugendlicher hat das Kernvokabular eine herausragende Bedeutung, um möglichst effektiv und effizient in vielen Situationen mitsprechen zu können. Somit sollte es bei der Gestaltung von nichtelektronischen und elektronischen Kommunikationsoberflächen als erstes berücksichtigt werden und als festes Repertoire in der Gebärdensammlung Beachtung finden und angewendet werden.

Das Kernvokabular muss erarbeitet sein, bevor mit konkreten semantischen Wortschatzfeldern in der Förderung begonnen wird. Daher ist es besonders für Kommunikationsanfänger bedeutsam. Sie erhalten die Möglichkeit an ersten Interaktionen beteiligt zu sein oder diese selber zu initiieren. Nach dem Aufbau der ersten 100 Kernvokabularwörter wird das Randvokabular immer wichtiger und hilft Weltwissen aufzubauen bzw. Unterrichtswissen zu vertiefen.

## Übertragung auf Hilfsmittel

Bisher wurde die Vokabularauswahl und Förderung durch spezifische Situationen innerhalb eines semantischen Feldes dominiert: das Frühstück, das gemeinsame Lesen eines Buches, das Spielen in der Bauecke, der Morgenkreis, etc. Dies führte dazu, dass die Bezugspersonen ständig neue Gebärden lernen oder neue Kommunikationsoberflächen mit den situationsspezifischen Wörtern erstellen mussten.

Diese Vorgehensweise kann schnell zu einer Überforderung der Bezugspersonen und des Kindes führen, da die jeweiligen Wörter viel zu selten gehört und selber angewendet werden können, beispielsweise nur einmal in der Woche beim Lesen des Buches in der Sprachtherapie. Viel sinnvoller ist es zunächst ein Vokabular anzubieten und zu erarbeiten, das hochfrequent in möglichst vielen Situationen und mit vielen verschiedenen Personen zum Einsatz kommen kann. Dies erleichtert auch die Erarbeitung von Hilfsmitteln.

Auf Grundlage der gewonnenen Erkenntnisse entwickelten Boenisch und Sachse die sog. „Kölner Kommunikationsmaterialien", die durch ihre spezifische Anordnung der Wörter einen systematischen Aufbau des Wortschatzes und der Grammatik gemäß der Sprachentwicklung ermöglichen (vgl. Sachse, Boenisch 2009) (s. Abb. 2).

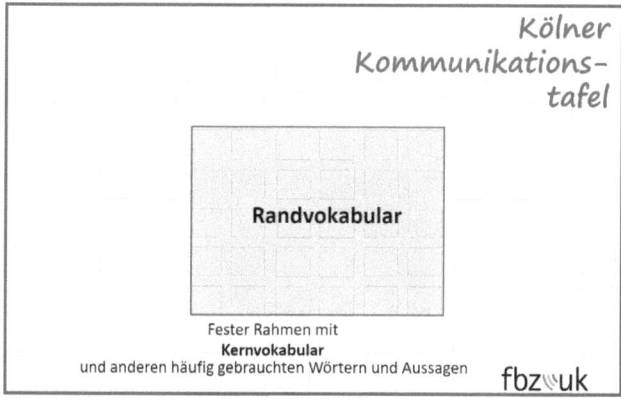

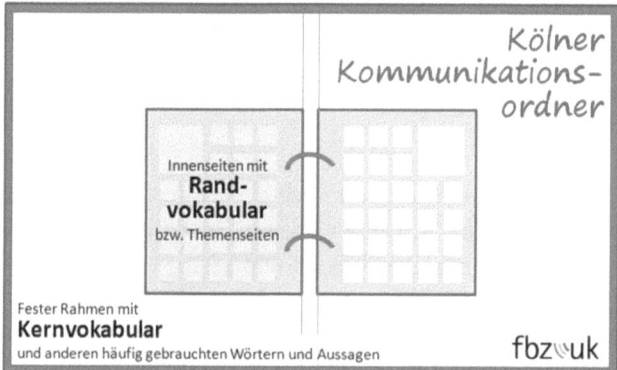

**Abb.2:** Aufbau der Kölner Kommunikationstafel und des -ordners
(©Boenisch/Sachse)

Das Kernvokabular wird außen repräsentiert und steht damit immer zur
Verfügung. Das Randvokabular befindet sich in der Mitte und kann situati-
onsspezifisch variieren. Dies wird vor allem durch das Blättern im Ordner
ermöglicht. Die verschiedenen Wörter sind nach Wortarten angelegt und
entsprechen in ihrer Anordnung der Richtung eines deutschen Hauptsatzes.
Eine Übertragung des Kernvokabulars auf einfache (s. Abb. 3 und Abb. 4)
und komplexe (s. Abb. 5) elektronische Kommunikationshilfen ist ebenfalls möglich:

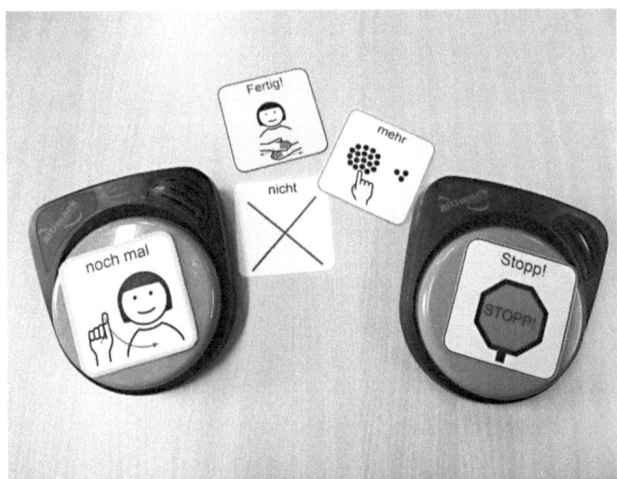

**Abb.3:** Zwei BIGmacks mit den Wörtern „noch mal" und „Stopp!" (Symbole © METACOM; © Mayer-Johnson)

Bei schwer beeinträchtigten Kindern, die erst noch die Wirkung von Sprache und das Prinzip der Intentionalität erwerben müssen, bietet es sich an mit situationssteuerndem Vokabular wie „noch mal" und „fertig" oder „Stopp" zu beginnen.

Der gleichbleibenden Position der Wörter bei wachsendem Wortschatz kommt eine enorme Bedeutung zu. Dies wird möglich, wenn sich die Bezugspersonen vorab überlegen, welcher Wortschatz im kommenden Jahr erarbeitet werden soll und wie die Kommunikationsoberflächen dann aussehen werden.

Davon ausgehend kann der Wortschatz sukzessiv aufgebaut werden, indem zuerst viele freie Felder angeboten werden und die Komplexität reduziert wird (s. Abb. 4). Dies ist wichtig, damit die Kommunikation weiterhin effektiv und effizient bleibt und sich die unterstützt kommunizierende Person nicht bei jeder Vokabularerweiterung völlig neu auf der Kommunikationsoberfläche orientieren muss.

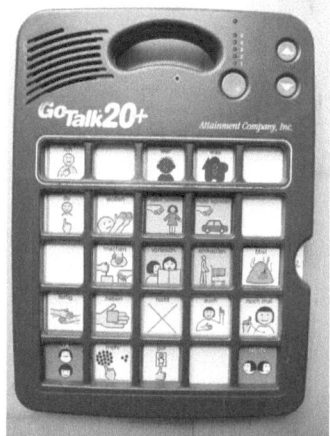

**Abb.4:** Aufbau des Kernwortschatzes mit Hilfe eines GoTalk20+ (Symbole © METACOM)

Die Übertragung der Forschungsergebnisse auf eine komplexe elektronische Kommunikationshilfe spiegelt sich im „MyCore" wider. Außen befindet sich das Kernvokabular, dass in einem statischen Rahmen immer zugänglich ist, innen befindet sich das je nach Situation wechselnde Randvokabular. Die Komplexität und Sprachausgabe des Hilfsmittels gestatten es Grammatik erfahr- und hörbar zu machen. Beispielsweise ermöglicht es das manuelle Austauschen der Wortendungen mit den unterschiedlichen grammatikalischen Möglichkeiten zu experimentieren, wodurch Sprache erlernt wird („Da! Ein klein-e, klein-en, klein-em, klein-er Hund.").

Dies machen Kinder in der regulären Sprachentwicklung ebenfalls, u.a. wenn sie verstanden haben, dass sie für den Plural etwas am Wort ändern müssen und eine Form zunächst übergeneralisiert wird. Sie sagen dann z. B. „Baums" statt „Bäume", weil sie gelernt haben, dass es „Autos" heißt, wenn es mehrere sind. (vgl. Sachse, S., Wagter, J., Schmidt, L. 2013).

Nur wenn von Anfang an die Möglichkeit besteht unterschiedliche Wortarten zu nutzen und mit grammatikalischen Phänomenen zu experimentieren, wird eine differenzierte Sprachentwicklung unterstützt.

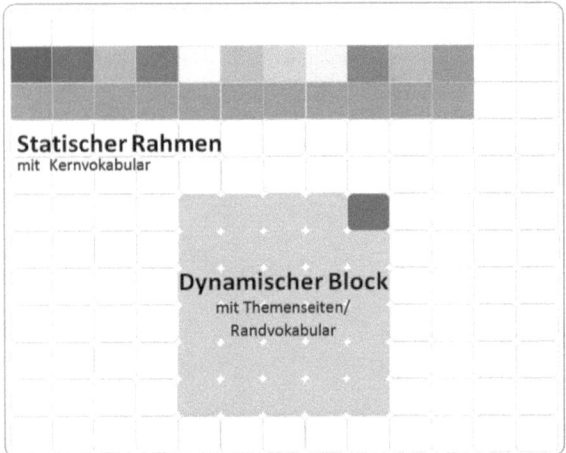

**Abb.5:** Aufbau des MyCore (Symbole © METACOM)

## Fokuswörter

Sachse und Willke (2011) erarbeiteten im Rahmen der Förderung mit Kern-vokabular das Konzept der Fokuswörter. Hierbei wird über einen Förder-zeitraum von ca. einem Jahr ein Wortschatz von insgesamt 100 Wörtern, aufgeteilt in 70 Wörter Kernvokabular und 30 individuell bedeutsamen Rand-vokabularwörtern, erarbeitet. Dies erfolgt in sogenannten Fokuswortreihen mit jeweils fünf bis sechs Wörtern in insgesamt 16 Reihen. Dabei wird eine Fokuswortreihe konsequent von allen Bezugspersonen (Eltern, ErzieherIn-nen, LehrerInnen, TherapeutInnen, etc.) in den Mittelpunkt der Förderung gestellt. Hierbei kommt dem Modelling durch die Bezugspersonen eine wichtige Rolle zu. Zunächst nutzen sie die ausgewählten Wörter in flexiblen, grammatikalisch korrekten Sätzen und spielerischen, alltäglichen Situationen.

Dabei verwenden sie neben der Lautsprache immer auch die Kommunika-tionsform bzw. das Hilfsmittel des Kindes. So kann das Kind sehen,
a) wie die Kommunikationshilfe eingesetzt werden kann,
b) wo sich die Wörter befinden,
c) wie sich die Wörter kombinieren lassen und
d) in welchen Situationen mit dem Hilfsmittel kommuniziert werden kann.
Nach einem zuvor festgelegten Zeitraum evaluieren die Bezugspersonen, wel-

che Wörter das Kind passiv und/oder aktiv bereits übernommen hat. Unter Umständen kann der Förderzeitraum innerhalb einer Fokusreihe verlängert werden oder es werden neue Wörter im Sinne der nächsten Fokuswortreihe in den Mittelpunkt der Förderung gestellt.

Sachse und Willke schlagen eine Reihenfolge für die Einführung vor, die sich „an der Sprachentwicklung in Hinblick auf die Syntax, an den häufigsten gebrauchten Wörtern aus den Untersuchungen zum Kernvokabular und an unterschiedlichen Kommunikationsfunktionen (z. B. Beschreiben, Kommentieren, Fragen,...)" (Schellen, J., Schmidt, L., Willke, M. 2015, 159) orientiert.

## Literaturverzeichnis

Boenisch, J., Musketa, B., Sachse, S. (2007): Die Bedeutung des Vokabulars für den Spracherwerb und Konsequenzen für die Gestaltung von Kommunikationsoberflächen. In: Sachse, S., Birngruber, C., Arendes, S. (Hrsg.): Lernen und Lehren in der Unterstützten Kommunikation. Karlsruhe: 355-371.

Boenisch, J. (2013): Neue Ergebnisse aus der Kernvokabularforschung. Bedeutung und Relevanz für Förderung und Therapie in der UK-Praxis. In: Hallbauer, A., Hallbauer, T., Hüning-Meier, M. (Hrsg.): UK kreativ! Wege in der Unterstützten Kommunikation. Karlsruhe: 17-33.

Boenisch, J. (2014): Kernvokabular im Kindes- und Jugendalter. Vergleichsstudie zum Sprachgebrauch von Schülerinnen und Schülern mit und ohne geistige Behinderung und Konsequenzen für die UK. uk & forschung_3: 4-23.

Sachse, S., Boenisch, J. (2009): Kern- und Randvokabular in der Unterstützten Kommunikation: Grundlagen und Anwendung. In: von Loeper Literaturverlag und isaac Gesellschaft für Unterstützte Kommunikation e.V. (Hrsg.): Handbuch der Unterstützten Kommunikation. Karlsruhe: 01.026.030 - 01.026.040.

Sachse, S., Wagter, J., Schmidt, L. (2013): Das Kölner Vokabular...und die Übertragung auf eine elektronische Kommunikationshilfe. In: Hallbauer, A., Hallbauer, T., Hüning-Meier, M. (Hrsg.): UK kreativ! Wege in der Unterstützten Kommunikation. Karlsruhe: 35 – 53.

Sachse, S., Willke, M. (2011): Fokuswörter in der Unterstützten Kommunikation. Ein Konzept zum sukzessiven Wortschatzaufbau. In: Bollmeyer, H., Engel, K., Hallbauer, A., Hüning-Meier, M. (Hrsg.): UK inklusive. Teilhabe durch Unterstützte Kommunikation. Karlsruhe: 375-394.

Schellen, J., Schmidt, L., Willke, M. (2015): Kinder mit cerebralen Bewegungsstörungen und Beeinträchtigungen der kommunikativen Entwicklung. In: Hansen. G. (Hrsg.): Grundwissen Cerebrale Bewegungsstörungen. Düsseldorf: 140-172.

Wolfgang Praschak

# Wenn Lebensäußerungen meine Sprache sind – Prägestische Verständigung im tonischen Dialog

Missverständnisse sind in unserem Zusammenleben normal. Wir reden aneinander vorbei, verstehen uns falsch und drehen uns sogar manchmal die Worte im Munde um. Doch das ist in der Regel nicht wirklich schlimm, denn selbst wenn die Auseinandersetzung entgleist, bleibt das Fundament der Verständigung im Grundsatz erhalten.

Ganz anders verhält es sich jedoch, wenn wir in der Begegnung überhaupt kein Einverständnis erzielen, weil wir eine andere Sprache sprechen, oder Ausdrucksweisen benutzen, die nicht zu entschlüsseln sind. Solche Situationen sind unangenehm. Sie machen hilflos und enden zumeist in der gegenseitigen Distanz. Für Menschen mit einer schwersten Behinderung ist diese Erfahrung leider eine immer wiederkehrende Realität: Da sie sich verbal nicht ausdrücken können, uns ihre Körpersprache ein Rätsel bleibt, wird ihnen das Mandat der Verständigung entzogen.

## 1. Prägestisches Verstehen als alltägliche Sinnproduktion

Dieser Verlust ist existentiell. Er geht mit einer kommunikativen Exklusion einher, die jede weitere Auseinandersetzung verhindert und die Begegnung in einer eigenartigen Leere belässt, in der ihre Gefühle, Bedürfnisse und Nöte im Inneren der Person verschlossen bleiben. Und da deren Veräußerung noch keinen konventionellen Regeln folgt, bleiben sie als prägestische und vorsymbolische Bezüge unverbindlich und inhaltslos.

Die inhaltliche Füllung der prägestischen Zeichen geschieht normalerweise im Laufe der primären Sozialisation, also in einer Zeit, in der die alltäglichen Gegebenheiten das Zusammenleben bestimmen und die Lebensäußerungen von einem kommunikativen Vorschuss gekennzeichnet sind. Dieser wiederum ist in vielfältige soziale Rituale und alltägliche Routinen eingefügt, die erste Gewohnheiten formen, Vorlieben und Abneigungen zulassen und ganz allmählich in kommunikative Regeln münden, die sukzessive erweitert werden. Die gegenseitige Verständigung koppelt sich an die allmählich sich differenzierenden Lebensäußerungen an, die so eine gestische, mimische und prosodische Ausprägung erhalten, durch die die Beziehung immer sicherer und verlässlicher wird und dem alltäglichen Zusammenleben den nötigen Sinn verleiht.

## 2. Prägestische Verständigung im tonischen Dialog

Eingebettet in ein verständnisvolles und zugewandtes Lebensfeld werden die individuellen Äußerungen in einer verlässlichen Zuwendung gespiegelt, was Sicherheit, Vertrauen und Orientierung gibt, die auch dann wichtig sind, wenn die Spanne zwischen dem Lebensalter und der Persönlichkeitsentwicklung immer größer wird. In diesem Fall kann die Zusammenarbeit und die Verständigung sehr schwierig werden, was folgende Schilderung belegt, die uns die Verzweiflung spüren lässt, die entsteht, wenn beides nicht so richtig gelingen will.

*„An Herrn S. komme ich nicht ran. Alles prallt an ihm ab. Was ich auch mache, ich habe immer wieder das Gefühl, dass er wie von einer unsichtbaren Mauer umgeben ist, durch die ich nicht hindurch dringen kann. Ich weiß nicht, ob er mich erkennt, denn selbst in Situationen, in denen ich ihm ganz nahe bin, weiß ich nicht, wie es ihm geht, noch kann ich erraten, wie er sich fühlt. Manchmal verzieht er sein Gesicht und manchmal gibt er auch gurgelnde Laute von sich. Auch schaut er mich ab und an mit leeren Augen an, aber ich weiß nicht, was das bedeuten soll. Das finde ich schlimm. Ich kann bald nicht mehr.“*

In dieser kurzen Schilderung wird eine alltägliche Dramatik deutlich, weil zwei Menschen die Erfahrung machen, dass ihre Begegnung immer wieder ins Leere geht und keinen Rückhalt findet. Weil der Betreuer Herrn S. nicht versteht und Herr S. nicht nachvollziehen kann, was der Betreuer von ihm will, geraten beide ins kommunikative Abseits und sind einer Situation ausgeliefert, in der die gegenseitige Isolation für den Betreuer demotivierende Folgen und für Herrn S. womöglich eine traumatisierende Wirkung hat.

Wie aber kann diese Isolation aufgehoben und eine Brücke gestaltet werden, die beide wieder zusammen führt? Die Antwort darauf ist nicht einfach, denn sie hängt zunächst von der Voraussetzung ab, dass der Betreuer vorbehaltlos akzeptiert, dass Herr S. keine andere Möglichkeit besitzt als sich über seine gegenwärtigen Lebensäußerungen zum Ausdruck zu bringen.

Der Weg, der beide zueinander führt, kann folglich nur dann gefunden werden, wenn diesen Äußerungen eine kommunikative Bedeutung zuerkannt wird.

Die gurgelnden Laute, die Herr S. von sich gibt, das Gesicht, das er verzieht, die Blicke, die er auf seinen Betreuer richtet und auch seine Schaukelbewegung sind dann als Anzeichen seiner Befindlichkeit zu erkennen, die in der kommunikativen Bedeutung wertzuschätzen sind. Unter dieser Bedingung birgt dann die Schaukelbewegung die hervorragende Möglichkeit, sie direkt aufzunehmen und in einem gemeinsamen Begegnungsritual gestalten zu können. Dazu müsste der Betreuer die Schulter oder das Becken von Herrn S. berühren und das Schaukeln achtsam in seine Arme und seinen ganzen Körper überführen, ohne sie dabei sogleich verändern zu wollen.

In diesem Fall könnte Herr S. registrieren, dass seine Schaukelbewegung ernst genommen und bestätigt wird. Der Betreuer könnte dann den Impulsen sorgsam folgen und das gemeinsame Schaukelritual im Laufe der Zeit zu einer kleinen Bewegungsimprovisation erweitern, was dann geschieht, wenn er der Schaukelbewegung nicht nur folgt, sondern ihr von sich aus neue Impulse gibt, die Herrn S. wieder zu einer Antwort animieren.

Ihn dabei anzuschauen und seine Laute zu imitieren, würde diese kleine Improvisation sinnvoll unterstützen, insofern sich der Betreuer einer Mitteilungsform bedient, die Herr S. schon kennt und die Begegnung in bekannter Weise orientiert.

Von Achtsamkeit und Aufmerksamkeit getragen, würde in diesem Wechselspiel etwas ermöglicht, was dem Bild des „tonischen Dialogs" entspricht, mit dem Juan de Ajuriaguerra (1962) eine Beziehung beschreibt, in der zwei Menschen auf der Basis von Bewegung und Haltung so aufeinander bezogen sind, dass sie sich im Rhythmus sensomotorischer Reaktionen wechselseitig ergänzen. Dieser Dialog würde zu tonischen Neumodulationen animieren, deren emotionaler Gehalt sich im ganzen Körper widerspiegelt und sich insbesondere im Gesicht als emotionale Färbung des Geschehens am deutlichsten zeigt.

Die Abstimmung von Bewegung und Haltung, auf die sich dieser Dialog bezieht, geht auf die intrauterine Symbiose im Mutterleib zurück, in der Mutter und Kind über die Nabelschnur eine gemeinsame Befindlichkeit organisieren. Diese erlaubt es, dass die Mutter dem Kind die Impulse vermittelt, die es braucht, um seine allmählich sich entwickelnden sensomotorischen Möglichkeiten entfalten zu können.

Dieser Entwicklungsverlauf ist neurophysiologisch und auch hormonell strukturiert, wobei das Limbische System seine Belohnungsfunktion dann übernimmt, wenn ein gut balanciertes Gleichmaß im gemeinsamen Lebensrhythmus entsteht, den Maurice Merleau-Ponty (1966) als primordial bezeichnet, weil er noch kein anderes Ziel verfolgt, als den Erhalt des Austausches selbst.

Innerhalb dieser frühesten Form der Verständigung verspürt das Kind, dass eine gute Balance für seine Entwicklung förderlich ist. Bedrohlich hingegen ist ein übermäßiger mütterlicher Stress, da dieser den Cortisolspiegel erhöht, der die Gehirnentwicklung des Kindes dann durcheinander bringt.

In diesem Fall werden auch die primordialen Bindungserfahrungen negativ gefärbt, was den nachgeburtlichen Start des Kindes ins Leben erschwert. Doch auch dann können die zwischenmenschlichen Beziehungen dialogisch gestaltet werden.

Winfried Mall (2001) beschreibt hierfür einen Kreislauf der „basalen Kommunikation", Andreas Zieger (2002) einen „körpernahen Dialogaufbau", den er mit Menschen gestaltet, die im Wachkoma liegen. In beiden Angeboten werden die primordialen Bindungserfahrungen neu strukturiert und in einem sensomotorischen Kreisprozess wieder zusammen gefügt:

1. Der andere äußert sich mit einer sensomotorischen Handlung.
2. Diese wird registriert und als Anzeichen für eine gegenwärtige Befindlichkeit gedeutet.
3. Daraufhin wird eine "passende" Antwort geformt, die vom anderen nachvollzogen werden kann.
4. Dieser Nachvollzug füllt die gemeinsame Gegenwart mit einer neuen Bedeutung, die zu weiteren Reaktionen animiert.

5. Diese Reaktionen werden wieder registriert und in Form einer noch besser passenden Antwort wieder zurück gegeben.

Der Kreislauf, der hier gestaltet wird, gründet in gegenseitigen sensomotorischen Resonanzen, die im Rahmen eines wiederkehrenden Begegnungsrituals von der Zuversicht getragen sind, dass sie auch in gestörter Form dialogisch erweitert werden können.

## 3. Prägestische Verständigung unter der Bedingung einer Schädigung des Zentralen Nervensystems

Derart gestörte sensomotorische Resonanzen gehen zumeist auf eine umfängliche Hirnschädigung zurück, die die wechselseitige Bezugnahme zwar deutlich verändert, aber nicht grundsätzlich verstellt. Jedoch muss besonders darauf geachtet werden, dass die Begegnung so achtsam gestaltet wird, dass sie nicht in Übergriffen und Manipulationen endet. Das bedeutet, dass sie emotional positiv rückgebunden sein muss, was nur möglich ist, wenn sie eine wohltuende Wirkung hat, die ganzkörperlich zu spüren ist.

Diese zeigt sich zumeist in einer tiefer gehenden Atmung, einem länger anhaltenden Blickkontakt, in wohliger geformten stimmlichen Äußerungen und insgesamt in einer veränderten Tonusregulation, die Entspannung und innere Ruhe signalisiert.

Eine wichtige neuronale Basis für diese Prozesse bilden die Spiegelneurone, die dann besonders aktiv sind, wenn sensomotorische Handlungen wechselseitig ausgetauscht werden. Dieser Austausch wird im prämotorischen Cortex repräsentiert und ermöglicht es, dass Handlungen, die visuell oder akustisch wahrgenommen werden, eine sensomotorische Resonanz erhalten, die in eine Nachahmungshandlung mündet.

Wenn das Kind zum Beispiel die heraus gestreckte Zunge seines Vaters bemerkt, werden automatisch die Nervenzellen im prämotorischen Cortex erregt, die es ermöglichen, diese Handlung dann eigenständig nachzuvollziehen. Dazu muss das Kind die Bedeutung dieser Handlung noch nicht verstehen, denn allein der motorische Nachvollzug genügt, um sie über die kommunikative Resonanz als bedeutungsvoll zu erleben. (Rizzolatti & Siniglia 2008, Zaboura 2008).

Die Repräsentationsfunktion erhält sich auch dann, wenn der prämotorische Cortex geschädigt ist. In diesem Fall ist der sensomotorische Nachvollzug zwar deutlich erschwert und durch Abweichungen, Unsicherheiten und Ambivalenzen gekennzeichnet, aber die responsive Struktur geht nicht vollkommen verloren. So bleibt auch die Möglichkeit der Bewegungsrepräsentation, die für die Gestaltung der alltäglichen Zusammenarbeit zur Folge hat, dass sie in Handlungen eingebettet sein muss, in denen Lebensqualität und Menschenwürde zum Ausdruck kommen.

Das wiederum ist an die Möglichkeit der Mitverantwortung und der Mitbeteiligung gebunden, die responsiv zu gestalten sind, was selbstredend auch für die Pflegehandlungen gilt, die erst unter dieser Bedingung ihren Sinn bewahren, manchmal das ganze Leben lang.

## 4. Prägestische Verständigung als elementare Bildung

Die Mitverantwortung an den Alltagshandlungen ist damit zugleich die Grundlage eines elementaren Bildungsprozesses, der auch im Falle einer umfänglichen Beeinträchtigung der körperlichen und motorischen Entwicklung auf die Grundlagen der kulturellen und gesellschaftlichen Eingliederung des Einzelnen ausgerichtet ist.

Deren Grundlage bildet die Aneignung von Inhalten und Gegenständen, die der alltäglichen Lebenswelt entstammen und die Regeln enthalten, die für das alltägliche Zusammenleben notwendig sind. Über deren Aneignung wird eine fundamentale kulturelle Orientierung geschaffen, über die sich der Einzelne seiner sozialen Zugehörigkeit versichert und unter Beweis stellen kann, dass er einen möglichst eigenständigen Weg ins Leben gefunden hat.

Wolfgang Klafki (1963, 1985) betrachtet diesen elementaren Bildungsprozess aus einer materialen, formalen und kategorialen Perspektive, in denen jeweils eine andere Dimension der Aneignung der Inhalte zum Ausdruck kommt. Als material bezeichnet er die Gegenstandsbedeutungen, die das Zusammenleben bestimmen, formal hingegen sind für ihn die Prozesse, über die sich der Einzelne eine kulturelle Wertorientierung aneignet und eine moralische Ausrichtung finden kann. Auf diesem Hintergrund müssen sich diese Prozesse wechselseitig durchdringen, damit der Einzelne zu einer individuellen Sinnperspektive finden kann, die in ein kategoriales Fundament eingebettet ist und eine persönlich geformte Auseinandersetzung mit den Gegebenheiten des Lebens erlaubt.

Ziel ist ein möglichst eigenständiges Leben innerhalb einer Solidargemeinschaft, die Mitverantwortung, Kooperation und Kommunikation im Zentrum ihrer kulturellen Wertorientierung hat. Nach Klafki (1957) sind dabei von Anfang an folgende Bezugssysteme zu koordinieren:

1. **Das Elementare,** über das die einfachen und grundlegenden Sachverhalte des Zusammenlebens erschlossen werden und die Bewältigung der Herausforderungen der menschlichen Existenz erst möglich macht.
2. **Das Fundamentale,** über das die wesentlichen Grunderfahrungen und Grundeinsichten in die Bedeutung der kulturellen Zusammenhänge vermittelt werden, in denen eine möglichst differenzierte Wahrnehmung der Lebensweltbezüge im Mittelpunkt steht.
3. **Das Exemplarische,** das die allgemeine Struktur der gesellschaftlichen Schlüsselprobleme repräsentiert, die individuell im Rahmen der primären Sozialisation bearbeitet werden.

Auf diesem Hintergrund ist die prägestische Verständigung ein wichtiger Teil der elementaren Bildung, die ganz allmählich ein grundlegendes kulturell wertorientiertes Regel- und Zeichensystem entfaltet, in dem sich die einzelnen Dimensionen kategorial ergänzen. Dazu bedarf es einer beständigen und sinnerfüllten Kooperation, in der auch die kommunikativen Regeln in kultureller Hinsicht ausgeformt werden. (Praschak 2009, 2010).

Auch wenn dies noch sprachfrei geschieht, sind gegenseitige Wertschätzung, Lebensqualität und Würde überdauernde Qualifikationen, die ein wichtiger Schlüssel zu einem gelingenden Zusammenleben der Menschen sind. Leitkriterium hierbei ist eine human gestaltete Lebenswelt, in der diese Qualifikationen auch für Menschen mit einer schwersten Behinderung vorgesehen sind, damit auch sie zu einer möglichst eigenständigen Lebensführung finden, die sich am individuellen Höchstmaß ihrer kulturellen und gesellschaftlichen Partizipation bemisst. Dann können sie, wie alle anderen Menschen auch, ihren Beitrag zum Zusammenleben in einer sozialen ge-

sicherten Weise leisten und im Rahmen einer möglichst heterogenen Le-
bensform Verschiedenheit und Gleichheit als ein tragfähiges Fundament
erleben, ohne selbst zum Objekt fremder Interessen zu werden.

In dieser elementaren Orientierung liegt die Kernaufgabe einer basalen
Pädagogik, in der die persönliche Integrität des Menschen im Mittelpunkt
steht und Kooperation und Kommunikation sich wechselseitig ergänzen.

## Literatur

Ajuriaguerra, Juan de / Angelergues, René. (1962):
  De La psycho-motricité au Corps dans La Relation autrui. In: L`evolution
  Psychiatrique 27, 12-25.
Balgo, Rolf (1998): Bewegung und Wahrnehmung als System. Schorndorf.
  Boadella, David (1991): Befreite Lebensenergie. München.
Ciompi, Luc (1997): Die emotionalen Grundlagen des Denkens. Entwurf
  einer fraktalen Affektlogik. Göttingen.
Klafki, Wolfgang (1957): Das pädagogische Problem des Elementaren und
  die Theorie der kategorialen Bildung. Weinheim, Basel.
Klafki, Wolfgang (1963): Studien zur Bildungstheorie und Didaktik. Wein
  heim/Basel.
Klauß, Theo (2007): Pflege für Menschen mit hohem Hilfebedarf.
  In: Behinderte Menschen, Bd. 5, S. 22-35.
Klauß, Theo (2002): „Die brauchen doch nur Pflege."
  Vom Recht der Menschen mit schwersten Behinderungen auf Pädagogik.
  Heidelberg.
Lapierre, André / Aucouturier, Bernard (1998): Die Symbolik der Bewegung.
  München.
Mall, Winfried (2001): Basale Kommunikation – Sich Begegnen ohne Vor-
  aussetzungen. In: Fröhlich, A., Heinen, N., Lamers, W. (Hrsg.):
  Schwere Behinderung in Praxis und Theorie – ein Blick zurück nach
  vorn. Texte zur Körper- und Mehrfachbehindertenpädagogik. Düsseldorf.
Merleau-Ponty, Maurice (1966): Phänomenologie der Wahrnehmung.
  In: Phänomenologisch-psychologische Forschungen Bd. 7. Berlin.
Piaget, Jean (1973): Das Erwachen der Intelligenz beim Kind. Stuttgart.

Praschak, Wolfgang (1993): Kooperative Pädagogik Schwerstbehinderter. Grundlagen einer allgemeinen und integrativen Erziehungs- und Bildungskonzeption. In: Arbeitskreis Kooperative Pädagogik (Hrsg.): Kooperative Pädagogik schwerstbehinderter Menschen. Frankfurt, Berlin, New York, Paris, Wien, S. 15-151.

Praschak, Wolfgang (2002): Von der Berührung zum Dialog. Bemerkungen zur sensumotorischen Kooperation mit anderen Menschen, die auch schwerst-behindert sein können. In: Arbeitskreis Kooperative Pädagogik (AKoP) e.V. (Hrsg.): Vom Wert der Kooperation. Frankfurt a.M.

Praschak, Wolfgang (2009): Elementarisierung als sonderpädagogisches Prinzip. – Aufgezeigt am Bildungswert der Pflege. In: Vierteljahresschrift für Heilpädagogik und ihre Nachbargebiete (VHN), Heft 4, S. 283-297.

Praschak, Wolfgang (2010): Sensumotorische Kooperation und didaktische Elementarisierung am Beispiel der Gestaltung der Aktivitäten des alltäglichen Lebens mit Menschen mit einer schwersten und mehrfachen Behinderung. In: Maier-Michalitsch, N. / Grunick, G. (Hrsg.): Leben pur – Kommunikation bei Menschen mit schweren und mehrfachen Behinderungen. Düsseldorf., S. 41-58.

Praschak, Wolfgang (2010): Kooperation als Leitprinzip. – Zum Verhältnis von Pflege, Therapie und Pädagogik in der Betreuung von schwerstbehinderten Menschen. In: Baumann, M. / Schmitz, C. / Zieger, A. (Hrsg.): RehaPädagogik, RehaMedizin, Mensch. – Einführung in den interdisziplinären Dialog humanwissenschaftlicher Theorie- und Praxisfelder. Baltmannsweiler, S. 108-119.

Praschak, Wolfgang (2010): Gemeinsames Lernen für wirklich alle Kinder! Warum sich eine inklusive Schule auch für die Schülerinnen und Schüler mit einer schwersten Behinderung öffnen muss. In: Behindertenpädagogik, Jg. 49, Heft 2, S. 375-384.

Seewald, Jürgen (1992): Leib und Symbol. Ein sinnverstehender Zugang zur kindlichen Entwicklung. München.

Rizzolatti, Giacomo / Sinigaglia, Corrado (2008): Empathie und Spiegelneurone: Die biologische Basis des Mitgefühls. Frankfurt a.M.

Schönberger, Franz / Jetter, Karlheinz / Praschak, Wolfgang (1987): Bausteine der Kooperativen Pädagogik. Stadthagen.

Stinkes, Ursula (1999): Auf der Suche nach einem veränderten Bildungsbegriff, In: Behinderte in Familie und Gesellschaft, 22. Jg., Heft 3, S. 73-81.

Tenorth, H. E. (Hrsg.) (1994): „Alle alles zu lehren". Möglichkeiten und Perspektiven allgemeiner Bildung, Darmstadt.

Wallon, Henri (1950): Die psychische Entwicklung des Kindes. Berlin.

Zaboura, Nadia (2008): Das empathische Gehirn. Spiegelneurone als Grundlage menschlicher Kommunikation. Wiesbaden.

Watzlawick, Paul u.a. (1969): Menschliche Kommunikation – Formen, Störungen, Paradoxien. Bern.

Watzlawick, Paul u. a. (1980): Menschliche Kommunikation. Bern

Zieger, Andreas (2001): Dialogaufbau und ästhetische Haltung – auf dem Wege zu einer neuen solidarischen Haltung durch Trialog-Entwicklung aus beziehungsmedizinischer Sicht. In: Doering, W., Doering, W. (Hrsg.): Von der Sensorischen Integration zur Entwicklungsbegleitung. Von Theorien und Methoden über den Dialog zu einer Haltung. Dortmund, S. 258–328.

Christine Preißmann

# Autismus und Kommunikation – Aus Betroffenensicht

## Kurzer Überblick

Wir unterscheiden im Wesentlichen drei Formen von Autismus, die man heute unter dem Begriff „Autismus-Spektrum-Störung" zusammenfasst, um zu verdeutlichen, dass die Beeinträchtigungen sehr unterschiedlich sind.

Am einen Ende steht das Asperger-Syndrom, am anderen Ende der frühkindliche Autismus mit schwerer Mehrfachbehinderung.

Unterschieden werden die beiden Formen zum einen durch die Intelligenz, die beim Asperger-Syndrom mindestens durchschnittlich ist, sowie durch die bessere Sprachentwicklung. Eine Sonderform ist der atypische Autismus, bei dem nicht alle Diagnosekriterien vorliegen müssen. Außerdem taucht immer wieder einmal der Begriff „High-functioning Autismus" auf, der als eine spezielle Form des frühkindlichen Autismus beschrieben wird.

Das alles wirkt also schwierig und verworren und ist auch für Fachleute nicht immer leicht, deshalb ist man meist mit dem Begriff „Autismus-Spektrum-Störung" auf der sicheren Seite.

Gesicherte Erkenntnisse zum Autismus gibt es trotz langer Forschung noch immer nur sehr wenige: Es handelt sich um eine tiefgreifende, genetisch bedingte Entwicklungsstörung, die einzelnen beteiligten Gene konnte man bisher aber nicht identifizieren.

Außerdem besteht vermutlich eine schlechtere „Verschaltung" der einzelnen Hirnbereiche untereinander, und möglicherweise tragen auch Umweltfaktoren zur Entstehung bei (Pflanzenschutzmittel, Weichmacher, Infektionen wie Masern,…).

Der Autismus wächst sich nicht aus, sondern besteht lebenslang.
Die Beeinträchtigungen lassen sich aber durch gezielte Maßnahmen deutlich verbessern.

Im Hinblick auf die Häufigkeit geht man von ca. 0,8-1% aus, d.h. von 500.000-800.000 Betroffenen in Deutschland. Das ist durchaus eine relevante Zahl und liegt etwa im Bereich der Häufigkeit geistiger Behinderungen.

## Auffälligkeiten in Kommunikation und Interaktion

Neben anderen Auffälligkeiten finden sich ganz zentrale Besonderheiten in der Kommunikation und im Kontaktverhalten, die dazu führen, dass Menschen mit Autismus meist große Probleme haben, ihre Bedürfnisse zu benennen, zwanglose Kontakte zu führen oder Freundschaften zu knüpfen.

Es fällt uns nämlich schwer, auf andere Menschen zuzugehen, ein Gespräch mit ihnen zu beginnen und in Gang zu halten, obwohl wir uns oft durchaus für unser Gegenüber interessieren. Viele Betroffene zeigen eine auffällige Sprachmelodie, manchmal drücken sie sich schon im Kindesalter sehr gewählt aus und wirken dann wie „kleine Gelehrte".

Es bestehen auch Auffälligkeiten im nonverbalen Kontakt mit Schwierigkeiten, Mimik, Gestik oder Blickkontakt anzuwenden und bei anderen richtig zu interpretieren. Daher entgehen uns einmal im Gespräch viele Informationen, die andere Menschen ganz selbstverständlich nebenher aufnehmen können, und auf der anderen Seite wirken wir durch die mangelnde Körpersprache auch emotionslos und unbeteiligt, was aber oft so nicht stimmt.

Eine sehr wesentliche Rolle für das alltägliche Verhalten und Erleben spielt auch das wörtliche Sprachverständnis autistischer Menschen.

## Kommunikative Missverständnisse

Autistische Menschen besitzen nämlich eher einen logischen als einen symbolischen Zugang zur Sprache. Die versteckte oder doppelte Bedeutung einer Aussage können sie oft nicht erkennen, und auch Ironie, Witze und Metaphern sorgen immer wieder für Verwirrung, weil sie wörtlich verstanden werden.

Dadurch kommt es oft zu Missverständnissen, die manchmal Ängste auslösen und schließlich zur Resignation führen, sie können aber auch Aggressionen oder ein anderes unangemessenes Verhalten zur Folge haben.

Es ist also wichtig, Menschen mit Autismus klare und eindeutige Anweisungen zu geben, auf Ironie in der Sprache oder auf mehrdeutige Äußerungen möglichst zu verzichten oder aber gleich auch die Bedeutung zu erklären. Andernfalls ist es uns oft nicht möglich, Anweisungen richtig zu verstehen und adäquat zu befolgen. Dann kommt es nicht selten zu einem Verhalten, das für andere Menschen unverständlich ist und als Provokation wirken kann.

## Mobbing

Jeder Mensch, der anders ist als die anderen und dessen Verhalten man nicht verstehen kann, läuft auch Gefahr, geärgert, gehänselt und ausgeschlossen zu werden. Eine Befragung unter 400 Kindern und Jugendlichen mit Asperger-Syndrom ergab, dass sie viermal häufiger Mobbing ausgesetzt waren als andere Kinder. Sie reagieren ängstlich und unsicher in sozialen Situationen, haben nur ein geringes Selbstvertrauen, sind schüchtern und im Sportunterricht meist nur wenig erfolgreich.

Für ihre Mitschüler sind sie nicht wirklich interessant, da sie sich nicht sehr um ihr Äußeres kümmern und meist andere, merkwürdig erscheinende Interessen haben. Oft sind sie daher Einzelgänger, haben nur wenige Freunde und werden deshalb auch nur selten von anderen Kindern unterstützt. Damit werden sie zur idealen Zielscheibe für alle, die ein Opfer suchen.

Auch ich stand in der Schule meist abseits, war nicht einbezogen in die Gespräche der anderen über den letzten Nachmittag oder das vergangene Wochenende, hätte aber auch gar nicht gewusst, was ich da hätte beitragen sollen. Die Mädchen unterhielten sich über die neuesten Modetrends, Musikgruppen, ihre Menstruation oder ähnliche Themen. Mich dagegen interessierten das Weihnachtsfest, Pläne aller Art und große Flughäfen. Das alles passte also nicht recht zusammen, und natürlich bemerkten das beide Seiten, die anderen Kinder genauso wie ich selbst.

## Struktur

Die meisten autistischen Menschen leben nach Plänen und Strukturen, die größten Schwierigkeiten haben wir also meist in den Situationen, die nur wenig strukturiert verlaufen. Dazu gehören im Schul- und später im Arbeitsalltag die Pausen, aber auch Klassenfahrten oder Ausflüge.

Während meine Mitschüler sich immer sehr auf die Freizeit zwischen den einzelnen Unterrichtsstunden freuten und offenbar nur von Pause zu Pause lebten, hätte ich sehr gut darauf verzichten können, denn hier wurde ein soziales Zusammensein gefordert, das völlig chaotisch und unstrukturiert und ohne jede Regel abzulaufen schien. Das überforderte mich, und so saß ich in den Pausen oft auf der Schultoilette im Hof, wo es ruhig und friedlich war, und wartete dort auf den Gong am Pausenende.

Als ich dann in die gymnasiale Oberstufe kam, hatte ich anfangs das Gefühl, im Paradies zu sein, denn dort gab es so tolle Toiletten, wie ich sie noch nie zuvor an einer Schule gesehen hatte. Aber bald schon wurde mir klar, dass es in dieser Schule für mich noch sehr viel schwerer werden würde als bisher. Es war viel mehr Eigeninitiative gefordert, man musste sich beispielsweise schon den Stundenplan zum Großteil selbst zusammenstellen. Alles erschien mir wahnsinnig verwirrend und chaotisch.

Zu den wichtigsten Maßnahmen bei der Arbeit mit autistischen Menschen gehört also in allen Lebensbereichen und in allen Altersstufen die Strukturierung. Es ist wichtig, möglichst vieles im Tagesablauf vorhersehbar zu machen, damit der Alltag nicht so viel Angst macht.

## Freundschaft / Beziehungen

Zwischenmenschliche Kontakte aber sind alles andere als vorhersehbar, deshalb ist dies der Bereich, der Menschen mit Autismus in der Regel die meisten Probleme bereitet.

Ich selbst wünsche mir sehr einen Menschen für ein gelegentliches Treffen, einen guten Freund oder eine Freundin, jemanden, mit dem ich private Dinge besprechen oder etwas unternehmen könnte. Aber ich weiß nicht, wen ich aus der Menge als für mich passend heraussuchen sollte, und außerdem fällt es auch mir immer wieder schwer, ein gemeinsames Gesprächsthema zu finden. Manchmal überlege ich mir schon im Vorfeld eines Treffens, dass Reiseziele dafür vielleicht geeignet sein könnten, aber ich werde unsicher, wenn es sich im Kontakt dann doch anders ergibt als von mir vorgesehen.

Der Wunsch nach Freundschaft und Partnerschaft wird auch von vielen anderen autistischen Menschen beschrieben. Sie wünschen sich, besser mit anderen Menschen umgehen zu können, lockerer und sicherer zu werden im Kontakt, zu ihnen passende Menschen kennen zu lernen und die Freundschaft dann auch pflegen zu können.

So ist uns zum Beispiel oft gar nicht klar, wie häufig man sich bei dem anderen melden sollte, um die Beziehung nicht abreißen zu lassen. Aber persönliche Beziehungen lassen sich nun einmal nicht wirklich kontrollieren, und das ist einer der Gründe, weshalb sie autistische Menschen vor solch große Probleme stellen.

Small talk fällt uns schwer, wir können oft nicht verstehen, dass Bekanntschaften häufig durch unwichtige Themen wie beispielsweise das Wetter eingeleitet werden, über die wir uns eigentlich gar nicht unterhalten möchten.

Autistische Menschen wollen über die Dinge sprechen, die sie für wesentlich halten. Sie spielen anderen nichts vor, und wenn sie doch über das Wetter sprechen möchten, dann deshalb, weil sie ein echtes Interesse an Meteorologie haben. Anderen Menschen Komplimente zu machen, weil man das eben so macht, oder auch flirten zu lernen, fällt ihnen sehr schwer.

Als sehr befreiend und erholsam erleben Menschen mit Autismus oft den Kontakt zu anderen Betroffenen in Selbsthilfegruppen oder bei gemeinsamen Aktivitäten. Dort läuft der Kontakt meist anders ab, dort kann man über die Dinge reden, die einen interessieren. Es ist außerdem hilfreich, sich über ähnliche Schwierigkeiten auszutauschen, von den Erfahrungen der anderen zu profitieren und auch mal das Gefühl erleben zu dürfen, nicht so ganz allein zu sein mit seinen Auffälligkeiten. Ein solcher Austausch kann sehr viel Kraft geben.

In sozialen Interaktionen sind normalerweise ja ganz viele Kleinigkeiten gefordert, die die meisten Menschen wissen, ohne sie lernen zu müssen.

Autistische Menschen dagegen müssen sie sich mühsam aneignen. Dazu gehören auch so vermeintlich einfache Dinge wie die Körperpflege oder eine der Situation angemessene Kleidung. Ich erinnere mich gut daran, wie ich auf der Abschlussfeier des Studiums meines Bruders vor einigen Jahren ganz selbstverständlich in Jogginghose und Birkenstock-Sandalen erschien.

Es war warm, ich fand diese Kleidung bequem und praktisch. Mein Bruder aber schimpfte sehr deswegen, ich glaube, er schämte sich für mich, was mir leid tat.

## Spezialinteressen

Solche Beispiele machen deutlich, dass das Leben für uns anstrengend ist, weil wir viele Dinge mühsam lernen müssen, die andere Gleichaltrige ganz selbstverständlich anwenden können. Der Stresspegel ist hoch, und zum Erarbeiten kompensatorischer Maßnahmen muss viel Energie aufgewendet werden.

Ein bisschen Beruhigung verschaffen können sich die Betroffenen manchmal durch ihre speziellen Interessen, die aber für die Umgebung oftmals sehr anstrengend sind, denn viele autistische Menschen möchten ihre Kommunikation nahezu ausschließlich auf ihre Interessengebiete beschränken. Daher kann es günstig sein, sie in sinnvolle Bahnen zu lenken und beispielsweise gezielt als Belohnung einzusetzen. So kann die Motivation in Schule, Beruf oder Therapie erhöht werden, wenn am Ende bei guter Mitarbeit eine kurzzeitige Beschäftigung mit dem Lieblingsgebiet in Aussicht gestellt wird.

Dabei ist es wichtig, kreativ zu sein, immer wieder auch neue und ungewöhnliche Wege zu beschreiten und Geduld zu haben. Manche Verbesserungen machen sich erst nach längerer Zeit bemerkbar, und nicht selten zeigen sich dann Fortschritte, die man in ihrer Intensität nie für möglich gehalten hätte. Es ist daher wichtig, in jedem Lebensalter eine effektive Unterstützung anzubieten.

## Besonderheiten im Denken und im Lernen

Um die Auffälligkeiten autistischer Menschen im Hinblick auf die Kommunikation zu verstehen, muss man auch um ihre Besonderheiten beim Denken, bei der Wahrnehmung und beim Lernen wissen. Das alles ist während der Schulzeit wichtig, aber eben auch noch im Erwachsenenalter zum Beispiel bei Arbeit und Beruf.

So lernen autistische Menschen nur selten durch Imitation, also allein durch das Beobachten der anderen. Da sie oft sehr isoliert sind, ist auch ein Austausch mit Gleichaltrigen nicht immer möglich. Deshalb ist es wichtig, mit ihnen intensiv ganz speziell die Dinge zu üben, die ihnen schwer fallen. Das sind manchmal nur Kleinigkeiten, die aber sehr wichtig sein können.

Mir selbst hat erst im Alter von 15 Jahren eine sehr liebe und engagierte Frau beigebracht, wie man richtig die Hand schüttelt, also wie fest man drücken muss, und wie man dem anderen „Hallo" sagt. Das mag jetzt reichlich dämlich klingen, und so habe ich mich damals natürlich auch gefühlt, aber im Nachhinein bin ich der Bekannten doch sehr dankbar, dass sie das für mich getan hat, dass sie sich also getraut hat, mich auf die Dinge anzusprechen, die ihr im Kontakt aufgefallen sind, statt einfach hinten herum über mich zu schimpfen.

Auch die Unterschiede im Denken und in der Wahrnehmung autistischer Menschen machen sich beim Lernen bemerkbar. So nehmen wir eher Details wahr, nicht aber Beziehungen und übergreifende Zusammenhänge.

Deshalb können wir Reize nicht in ihrem Bezug zu anderen Reizen und Informationen sehen und Menschen, Objekte und Situationen häufig nicht kontextgebunden wahrnehmen. Das kann sich in der Schule u.a. im Fach Deutsch oder in den Fremdsprachen bemerkbar machen. Ein Bericht oder ein Text besteht für autistische Menschen oft nicht aus zusammenhängenden Gedanken, sondern aus einer Ansammlung von Einzelinformationen.

Viele Betroffene verstehen daher Geschichten nicht, da sie keinen sinnvollen Handlungsablauf erkennen.

Auch ich selbst bin an diesen Anforderungen gescheitert, konnte und kann mir keinen Film ansehen und keinen Roman verstehen, bis heute nicht. Heute ist das nicht mehr schlimm, aber in der Schule wurde ab einem gewissen Zeitpunkt die Fähigkeit verlangt, Texte zu analysieren und zu interpretieren und das Gelesene zusammenzufassen, was mich hoffnungslos überforderte. Immer wieder musste ich meine Aufsätze vor der Klasse laut vorlesen, da sie den Mitschülern als „abschreckende Beispiele" präsentiert werden sollten, was mir doch irgendwie ein bisschen weh tat.

Die spezielle Wahrnehmung autistischer Menschen kann man aber auch als einen ganz „eigenen Stil der Informationsverarbeitung" bezeichnen, der auch Vorteile hat gegenüber der Informationsverarbeitung anderer Menschen, da sie aufgrund ihrer speziellen Wahrnehmung manchmal auch solche Einzelheiten erkennen, die anderen Menschen gar nicht auffallen.

Solche Fähigkeiten macht man sich inzwischen auch beruflich zu Nutze, wenn Anforderungen bestehen, die beispielsweise das Erkennen winziger Fehler nötig machen.

Auch ich bemerke beim Korrekturlesen von Texten jede kleine formale Auffälligkeit, auch dann, wenn ich den Zusammenhang nicht verstehe. Das ist ganz hilfreich, wenn man Bücher oder andere Texte verfasst, mein Lektorat hat dann nie so ganz viel Arbeit mit mir.

## Umgang mit Veränderungen

Unsichere und nur vage Aussagen anderer sind für autistische Menschen dagegen oft sehr quälend. Für mich ist vor allem eine nur ungenaue Tagesplanung schwierig. Ich plane meinen Tagesablauf sehr genau, und ich merke, dass mir das vor allem in schwierigen Zeiten Sicherheit und Stabilität gibt.

Es ist sehr wichtig, für das Miteinander einen guten Kompromiss zu finden, denn inzwischen weiß ich natürlich, dass andere Menschen ihre freie Zeit nicht immer so exakt planen möchten.

Die Urlaubsreisen früher mit meinen Eltern waren daher oft schwierig für mich, weil ich gern bis ins kleinste Detail geplant hätte, um ein bisschen Sicherheit zu haben, meine Eltern sich aber nicht festlegen wollten, wann was gemacht werden sollte. Sie wussten damals noch nicht, wie wichtig das für mich gewesen wäre. Wir unternahmen also Wanderungen „ins Blaue" (was ich nicht verstand, denn die Wiesen waren doch eher grün!), wollten „bald" ankommen und dann auch wieder „früh" zurück sein.

Es war entsetzlich. Immer wurde es später Nachmittag, bis wir wieder in der Pension waren, meine Eltern empfanden das wohl als „früh", ich aber hatte eher mit einer Rückkehr am Vormittag gerechnet und den Ablauf des Nachmittags daher anderweitig verplant. Dauernd gab es Streit, was mir danach immer sehr leidtat (und meinen Eltern auch, wie ich heute weiß). Es ist also nachvollziehbar, dass es oft für beide Seiten eine große Erleichterung bedeutet, das gegenseitige Verhalten besser einschätzen zu können und zu erfahren, dass das tägliche Miteinander nicht nur aus Provokationen besteht.

Die wörtliche Interpretation der Sprache kann also kleinlich, pedantisch oder rechthaberisch wirken und führt immer wieder zu Schwierigkeiten, die für Außenstehende nicht unbedingt auf den ersten Blick erkennbar und vor allem nicht immer zu verstehen sind.

## Fähigkeiten und Ressourcen

Allerdings besteht auch das Leben von Menschen mit Autismus keineswegs nur aus Problemen. Wie alle anderen Menschen kennen auch sie Höhen und Tiefen in ihrem Leben, haben Stärken und Schwächen. Wir haben durchaus auch ein glückliches Leben und verfügen über Qualitäten, die nicht selbstverständlich sind, und auch aus dem wörtlichen Sprachverständnis autistischer Menschen ergeben sich einige Vorteile.

Die meisten von ihnen sind zuverlässig, pünktlich und sorgfältig, sie halten sich verlässlich an Regeln, die sie oft peinlich genau befolgen. Sie begegnen anderen Menschen ohne Vorurteile, sind loyal anderen gegenüber, aufrichtig und ehrlich; es liegt ihnen fern, andere Menschen zu belügen, zu betrügen oder zu täuschen. Autistische Menschen sagen offen und ohne Scheu, was sie denken, und sie sagen es genauso, wie sie es denken, ohne dass man ihre Worte erst mühsam interpretieren müsste.

Wenn sie ihrem Gegenüber ein Kompliment machen, so darf der andere dies auch tatsächlich ernst nehmen. Autistische Menschen sind in ihrem Denken und Handeln berechenbar und konsequent.

## Hilfe und Unterstützung

Diese Auflistung darf aber nicht darüber hinwegtäuschen, dass die meisten Betroffenen lebenslang auf Hilfe und Unterstützung angewiesen bleiben.

Hinsichtlich der Kommunikation ist es sinnvoll, eine klare und eindeutige Sprache zu wählen, die Dinge also so zu sagen, wie man sie sagen möchte. Auf die Frage *„Weißt Du, wie spät es ist?"* wird beispielsweise so mancher autistische Mensch lediglich mit *„ja"* oder *„nein"* antworten, nicht wissend, dass sich hinter diesen Worten mehr als nur die ausgesprochene Frage verbirgt.

Unverständliche Worte sollten erläutert, Redewendungen mit dem Betroffenen gelernt und die Anwendung eingeübt werden.

Und vor allem ist es wichtig, vor eventuellen Sanktionen zu klären, ob der autistische Mensch die Regeln und Anweisungen auch wirklich richtig verstanden hat und was die Gründe für unverständliches und provozierend wirkendes Verhalten sind.

Es ist auch wichtig, im Kontakt mit autistischen Menschen allgemein übliche Bezeichnungen zu verwenden und nicht etwa eigene Worte zu erfinden.

So hatte ein junger Erwachsener mit Autismus keine wesentlichen Probleme, sich in einem Heim einzugewöhnen. Allerdings wusch er sich trotz mehrfacher Aufforderung und großer Bemühungen seitens der Mitarbeiter nicht seinen Penis. Erst nach einem Besuch seiner Eltern konnte das Problem gelöst werden, als die Mutter ihm erklärte, er müsse doch auch sein „Gießkännchen" säubern. Das Wort Penis hatte er noch nie gehört.

Seit meiner Kindheit gehörte es zu meinen Interessen, Flugzeuge zu beobachten, die aber doch in beträchtlicher Höhe über unseren Wohnort hinweg fliegen und dabei einen Kondensstreifen hinter sich herziehen.

Mein Vater bezeichnete sie stets als „Strichmacher", niemals fiel das Wort „Flugzeug", so dass ich immer davon ausging, es handle sich um eine spezielle Art von Flugzeugen. Als ich Anfang Dreißig war, hatte ich für ein paar Monate einen Freund. An einem sonnigen Tag saßen wir auf der Terrasse, als ich am Himmel mehrere Flugobjekte entdeckte.

*„Schau, die Strichmacher!",* rief ich aus. Er antwortete trocken: *„Ja, man nennt sie auch Flugzeuge".* Ich habe ihm nicht gesagt, dass mir das nicht klar gewesen war, es war mir peinlich.

## Ausblick

Mein eigenes Leben ist, ebenso wie das vieler anderer Menschen mit Asperger-Syndrom, im Laufe der Zeit jetzt doch um einiges ruhiger und entspannter geworden. Das heißt nur eben keineswegs, dass die Schwierigkeiten nicht mehr vorhanden wären, aber ich habe in einigen Fällen gelernt, damit zu leben, und ich habe vor allem gelernt, zu entscheiden, was für mich im Bereich des Möglichen liegt und was mich andererseits hoffnungslos überfordert.

Ich habe gelernt, meinen Alltag im Großen und Ganzen so einzurichten, dass ich, wenn die äußeren Faktoren günstig sind, mit recht geringer Unterstützung durch meine langjährigen Psycho- und Ergotherapeutinnen relativ gut und stabil leben kann. Es ist ein Leben, das zu mir passt, und im Großen und Ganzen ist es gut so, wie es ist.

Wir brauchen Menschen, die uns nicht allein lassen, die unsere Schwierigkeiten, Sorgen und Nöte erkennen und uns ernst nehmen.

„Lasst mich in Ruhe" ist das, was autistische Menschen oft ausstrahlen, aber meist nicht so meinen. In der Regel wünschen sie sich durchaus ein Miteinander, auch wenn sie das nicht immer kommunizieren können.

Deshalb möchte ich Sie ermutigen, sich auch mit Menschen mit Autismus zu beschäftigen. Respekt und Toleranz, bestärkende, motivierende, tröstende und beruhigende Kontakte helfen allen Menschen, auch uns.

## Literatur

Preißmann, Christine (2015) Glück und Lebenszufriedenheit für Menschen mit Autismus. Kohlhammer

Preißmann, Christine (2015) Gut leben mit einem autistischen Kind. Klett-Cotta

Preißmann, Christine (2013) Asperger – Leben in zwei Welten. Trias

Preißmann, Christine (2013) Überraschend anders: Mädchen & Frauen mit Asperger. Trias

Preißmann, Christine (2013) Psychotherapie und Beratung bei Menschen mit Asperger-Syndrom. Kohlhammer

# Autorinnen und Autoren

### Bender, Silvia
Logopädin, Fachleitung der Deutschen Akademie für Psychomotorik, Marte Meo Supervisorin, Logopädische Praxis, Wetter

### Ehinger, Wolfgang
Dipl.-Psych., Schulpsychologische Beratungsstelle des Staatlichen Schulamtes Tübingen, Vorstand des Landesverbands der SchulpsychologInnen in Baden Württemberg e.V.

### Hinz, Heinz
Dr., Dipl.Päd., M.A., Kompetenzzentrum / Akademie Silberburg, Stuttgart

### Kaschuba, Gerrit
Dr., Geschäftsführerin Forschungsinstitut tifs e.V., Praxisforschung, Bildungsforschung, Gender Training, Supervision, Tübingen

### Kurtscheid, Heidemarie
Prof., Dipl.-SozialPäd., Ausbilderin in der GwG (Gesellschaft für Personzentrierte Psychotherapie u. Beratung e.V.), Beraterin, Coach in PIZ Person im Zentrum, Stuttgart, Trainerin im Profit- und Nonprofit- Bereich, Lehraufträge an Hochschulen

### Metter, Jürgen
Systemischer Paar- und Familientherapeut, Logotherapeut, Trainer für Gewaltfreie, Achtsame Kommunikation, Tübingen

### Praschak, Wolfgang
Prof., Dr., Fakultät für Erziehungswissenschaft, Universität Hannover

### Preißmann, Christine
Dr., Ärztin für Allgemeinmedizin und Psychotherapie, Dieburg

### Schellen, Julia
fbz-UK Uni Köln, Beratungsstelle für Unterstützte Kommunikation

### Springer, Anke
Dr., Dipl.Päd., Paritätische Berufsfachschule für Sozial- und Pflegeberufe, Hausach